بر الوالدين
بين الماضي والحاضر

الدكتور فهد خليل زايد

بـر الـوالـديـن
بين الماضي والحاضر

١٤٣٢ هـ / ٢٠١١ م

دار يافا العلمية للنشر والتوزيع

٢١٨٫٨

زايد، فهد خليل

بر الوالدين بين الماضي والحاضر / فهد خليل زايد._عمان: دار يافا العلمية للنشر

والتوزيع ، ٢٠١٠

(   ) ص

ر.إ : ٢٠١٠/١٠/٣٨٢٢

الواصفات : /الأسرة//المجتمع الإسلامي//العلاقات بين الأفراد/

- تم إعداد بيانات الفهرسة الأولية من قبل دائرة المكتبة الوطنية

الطبعة الأولى ، 2011

دار يــافــا العلمية للنشر والتوزيع

الأردن – عمان – تلفاكس ٤٧٧٨٧٧٠ ٦ ٠٠٩٦٢

ص.ب ٥٢٠٦٥١ عمان ١١١٥٢ الأردن

E-mail: dar_yafa @yahoo.com

الإهداء

والداي الكريمان ...

اقدم هذا الكتاب إلى من كان لهم الفضل بعد الـلـه في وجودي، إلى من أعطاني سر الحياة، وكسوني من لحمهم وعظمهم، وكانوا الرحماء مع آلامهم، العظماء مع حاجتهم، الكرماء مع قسوة الحياة عليهم، فمهما قدَّمت لهم لن أوفيهم حقهم، لذا أردت أن أكرِّمهم من خلال كتاب يبقى الى ما شاء الـلـه له أن يبقى، أحمل فيه دعاء لهم في كل زمان ومكان، اللّهم اغفر لهم وارحمني واياهم.

أكتب الى من كانوا يعدُّونا ثمار قلوبهم، وعماد ظهورهم، وكانوا لنا أرضا ذليلة، وسماء ظليلة، إن طلبنا أعطينا، وإن غضبنا

ارضينا وإن جعنا لبِّي لنا نداء المحبة، فلله درُّكم يا والداي، فمهما فعلت لكم، لا أجزي دمعة أمي خوفاً علي.

آه يا والداي لو لم تكن الحياة مؤلمة لما ولد الإنسان باكيا.

ولدكم

د. فهد زايد

الـمقدمة

أن الحمد لله نحمده ونستعينه ونستغفره ونستهديه ونعوذ بالله من شرور أنفسنا ومن سيئات أعمالنا، من يهده الـلـه فلا مضل له، ومن يضل فلا هادي له، وأشهد أن لا إله إلا الـلـه وحده لا شريك له وأشهد أن محمداً عبده ورسوله.

إن الأيات القرآنية تحض على بر الوالدين والإحسان اليهما، كما أن هذه الآيات الكريمة، والأحاديث النبوية الصحيحة بينت أَن بر الوالدين قد ارتبط بعبادة الـلـه مباشرة، وأَن حب الوالدين ورعايتهم والاهتمام بهم سبب لدخول الانسان الجنة، وأن رضى الوالدين يرضى الـلـه تبارك وتعالى، وسخط الوالدين يسخط الـلـه علينا، وقد حرم الـلـه تبارك وتعالى عقوق الوالدين في كتابه وسنة نبيه عليه أفضلُ الصلاة وأجمل التسليم، واعتبر عقوقهما من أكبر الكبائر، التي حذرنا منها رسول الـلـه صلى الـلـه عليه وسلم، وبصحبتهم والحرص عليهم ننال الجنة بإذنِ الـلـه تبارك وتعالى.

كما أن دعوات الوالدين مستجابة عند الـلـه لا محاله، وفضل الوالدين عظيم علينا، ولذا وجب تقدير الوالدين وعدم لعنهما، وإنما نحن كسب أباءنا فنحن وما

نملك لهم، وكما طلب الرسول صلى اللـه عليه وسلم أن نحسن لوالدينا حتى ما بعد موتهم.

وحتى نتعلم كيفية الحرص على بر الوالدين وأن نكون كما أمرنا اللـه سبحانه ورسوله الكريم صلى اللـه عليه وسلم، علينا أن نكون مراعين لحقوق الوالدين لننال الراحة والسعادة في الدنيا وحسن الثواب في الآخرة، ربنا أتنا في الدنيا حسنة وفي الآخرة حسنة وقنا عذاب النار.

بدأت عملي هذا ليلة الجمعة من شهر محرَم، اليوم الحادي والعشرين سنة ألف واربعمائة وثماني وعشرين هجرية.

أسأل اللـه أن يجعل لي من هذا العلم ما أنتفع به بعد موتي، وأن يجعلني من الذين يبرون والديهم، وأن يكون خالصاً لوجه اللـه تعالى، وأن ينفعني به.

د. فهد خليل زايد

بر الوالدين

إن الـلـه سبحانه وتعالى ينظم حياة المجتمع المسلم، ويخلصه من رواسب الجاهلية، ويثبت الملامح الإنسانية، وقد اقام القرآن قواعد ثابتة للتنظيم العائلي، والتنظيم الإجتماعي وحدد معالم الأسرة ونظمّها ووسائل صيانتها، والروابط التي تشدُّها وتوّثق بناءَها.

وينتقل الإسلام بعد ذلك فيتناول علاقات انسانية في المجتمع المسلم اوسع مدى من علاقات الاسرة، ومتصلة بها كذلك، متصلة بها بالحديث عن الوالدين، ومتصلة بها في توسعها بعد علاقة الوالدين، لتشمل علاقات اخرى، ينبع الشعور بها من المشاعر الودودة الطيبة التي تنشأُ في جو الأسرة المتحابة حتى تفيض عن جوانب الانسانية الاخرى، ويتعلمها الانسان -أول من يتعلمها - في جو الاسرة الحاني ومحضنها الرفيق، ومن هناك يتوسع في علاقاته باسرة الانسانية كلها، وبعدما بذرت بذورها في حس اسرته الخاصة القريبة.

والاسلام يأمر بعبادة اللـه وحده، والنهي عن اشراك شيءٍ به، ويربط بين هذا الامر وهذا النهي وتنظيم الاسرة، فيدل هذا الربط بين الموضوعين عن الوحدة الكلية الشاملة المتكاملة في هذا الدين:-

قال تعالى (وَاعْبُدُوا اللَّهَ وَلَا تُشْرِكُوا بِهِ شَيْئًا وَبِالْوَالِدَيْنِ إِحْسَانًا) (النساء:٣٦)

فالدين ليس هو مجرد عقيدة تستكن في الضمير، ولا مجرد شعائر تقام وعبادات، ولا مجرد تنظيم دنيوي منقطع الصلة بالعقيدة وبالشعائر التعبدية، وانما هو منهج يشمل هذا النشاط كله، ويربط بين جوانبه ويشدها جميعا الى الاصل الأصيل وهو توحيد اللـه، والتلقّي منه وحده توحيده الها معبوداً، وتوحيده مصدرا للتوجيه والتشريع لكل النشاط الانساني أيضا، و لا ينفك هذا التوحيد عن ذلك في الاسلام. إن التشريعات والتوجيهات انما تنبثق من العقيدة في اللـه، وتركّز على التوحيد المطلق سمة هذه العقيدة.

هذه السمة الاساسية تبرز في القرآن الكريم آيات الاحسان الى الوالدين بعبادة اللـه وتوحيده.

قال تعالى (لَا تَعْبُدُونَ إِلَّا اللَّهَ وَبِالْوَالِدَيْنِ إِحْسَانًا) (البقرة ٨٣)

قال تعالى (وَاعْبُدُوا اللَّهَ وَلَا تُشْرِكُوا بِهِ شَيْئًا وَبِالْوَالِدَيْنِ إِحْسَانًا) (النساء ٣٦)

قال تعالى (قُلْ تَعَالَوْا أَتْلُ مَا حَرَّمَ رَبُّكُمْ عَلَيْكُمْ أَلَّا تُشْرِكُوا بِهِ شَيْئًا وَبِالْوَالِدَيْنِ إِحْسَانًا)(الانعام ١٥١)

قال تعالى (وَقَضَىٰ رَبُّكَ أَلَّا تَعْبُدُوا إِلَّا إِيَّاهُ وَبِالْوَالِدَيْنِ إِحْسَانًا) (الاسراء ٢٣)

ان هذا الاتصال بعبادة الـلـه وتوحيده والإحسان الى الوالدين جعله الـلـه واسطة ما بين دستور الاسرة القريبة ودستور العلاقات الانسانية الواسعة ليصلهما جميعا بتلك الاسرة التي تضم الاواصر جميعا، وليوحد المصدر الذي يشرّع ويوجّه.

إن رابطة الاسرة تقوّم بعد الرابطة في الـلـه ووحدة الاتجاه، ولقد علم الـلـه سبحانه انه ارحم بالناس من الآباء والابناء، فاوصى الابناء بالآباء، واوصى الآباء بالابناء وربط الوصية بمعرفة الوهيته الواحدة، والارتباط بربوبيته المتفردة.

وينطلق التشريع الاسلامي بالاحسان إلى الوالدين، ومعظم الأوامّر تتجه الى توصية الذرية بالوالدين، وإن كانت لم تغفل توجيه الوالدين الى الذرية، فقد كان الـلـه أرحم بالذراري من آبائهم وامهاتهم في كل حال، والذرية بصفة خاصة أحوج الى توجيهها للبر بالوالدين.

إنَّ الاولاد يتوجهون بكينونتهم كلها، وبعواطفهم ومشاعرهم واهتماماتهم الى الجيل الذي يخلفهم، لا الجيل الذي خلفهم ! وبينما هم مدفوعون في تيار الحياة الى الامام غافلون عن التلفت الى الوراء، تجيئهم هذه التوجيهات من الرحمن الرحيم، الذي لا يترك والداً ولا مولوداً، والذي لاينسَ ذرية ولا والدين، والذي يعلّم عباده الرحمة بعضهم ببعض، ولو كانوا ذرية أو والدين.

إن الإسلام ينشئ عاطفة الرحمة، ووجدان المشاركة حيث يبدآن أولاً في البيت، في الاسرة الصغيرة، وقلما ينبثقان في نفس لم تذق طعم هذه العاطفة ولم تجد حِسَّ هذا الوجدان في المحضن الأول، ويتفق المنهج مع طريقة التنظيم الاجتماعي

الاسلامية من جعل التكافل يبدأ من محيط الاسرة، ثم ينساح في محيط الجماعة، كي لا يركّز عمليات التكافل في يد الأجهزة الحكومية الضخمة، الا عندما تعجز الاجهزة الصغيرة المباشرة، فالوحدات المحلية الصغيرة اقدر على تحقيق هذا التكافل في وقته المناسب في سهولة ويسر وتراحم وصبر يجعل جو الحياة لائقاً بين الانسان.

والتشريع الاسلامي بعد أن يضع القاعدة ويقيم الاساس بتوحيد المعبود يأتي التكليف، فالرابطة الأولى بعد رابطة العقيدة هي رابطة الاسرة، ومن ثم يربط القرآن بر الوالدين بعبادة الـلـه اعلاناً لقيمة هذا البر عند الـلـه.

إن الوالدين يندفعان بالفطره الى رعاية الأولاد، الى التضحية بكل شيء حتى الذات، وكما تمتص النبتة الخضراء كل غذاء في الحبة فاذا هي فتات، ويمتص الفرخ كل غذاء في البيضه فاذا هي قشر و كذلك يمتص الاولاد رحيق كل عافية وكل جهد وكل اهتمام من الوالدين فاذا هم شيخوخة فانية، إنْ امهلهما الاجل وهم مع ذلك سعيدان !

فأما الاولاد فسرعان ما ينسون هذا كله ويندفعون بدورهم الى الأمام الى الزوجات والذرية وهكذا تندفع الحياة.

ومن ثم لا يحتاج الآباء إلى توصية بالأبناء وإنما يحتاج هؤلاء الى استجاشة وجدانهم بقوة ليذكَّروا واجب الجيل الذي انفق رحيقه كله حتى ادركه الجفاف !

وهنا يجيىء الأمر بالإحسان الى الوالدين في صورة قضاء من الـلـه يحمل معنى الامر المؤكد بعد الامر المؤكد بعبادة الـلـه.

قال (تعالى وَقَضَى رَبُّكَ أَلَّا تَعْبُدُوا إِلَّا إِيَّاهُ وَبِالْوَالِدَيْنِ إِحْسَانًا إِمَّا يَبْلُغَنَّ عِنْدَكَ الْكِبَرَ أَحَدُهُمَا أَوْ كِلَاهُمَا فَلَا تَقُلْ لَهُمَا أُفٍّ وَلَا تَنْهَرْهُمَا وَقُلْ لَهُمَا قَوْلًا كَرِيمًا (23) وَاخْفِضْ لَهُمَا جَنَاحَ الذُّلِّ مِنَ الرَّحْمَةِ وَقُلْ رَبِّ ارْحَمْهُمَا كَمَا رَبَّيَانِي صَغِيرًا (24) رَبُّكُمْ أَعْلَمُ بِمَا فِي نُفُوسِكُمْ إِنْ تَكُونُوا صَالِحِينَ فَإِنَّهُ كَانَ لِلْأَوَّابِينَ غَفُورًا (25)) الاسراء(٢٣_٢٥)

وبهذه العبارات الندية، والصور الموحية يستجيش القرآن الكريم وجدان البر والرحمة في قلوب الابناء. ذلك أنَّ الحياة وهي مندفعة في طريقها بالاحياء، توجّه اهتماماتهم القوية الى الامام،الى الذرية، الى الناشئة الجديدة،الى الجيل المقبل، وقلما توجه اهتماماتهم الى الوراء، الى الابوة،الى الحياة المولية ومن ثم تحتاج البنّوة إلى استجاشة وجدانها لتنعطف الى الخلف وتتلفت الى الآباء والامهات، ثم ياخذ السياق في القرآن الكريم في تظليل الجو كله بأرق الظلال،وفي استجاشة الوجدان بذكريات الطفولة ومشاعر الحب والعطف والحنان (إِمَّا يَبْلُغَنَّ عِنْدَكَ الْكِبَرَ أَحَدُهُمَا أَوْ كِلَاهُمَا) والكبر له جلاله، وضعف الكبر له علاماته، وقول اللـه تعالى (فَلَا تَقُلْ لَهُمَا أُفٍّ وَلَا تَنْهَرْهُمَا) وهي أول مرتبة من مراتب الرعاية والأدب ألا يظهر من الولد ما يدل على الضجر والضيق، وما يشير بالإهانة وسوء الأدب.

(وَقُلْ لَهُمَا قَوْلًا كَرِيمًا)وهي مرتبة أعلى إيجابية أن يكون كلامه لهما يشير بالإكرام والاحترام، (وَاخْفِضْ لَهُمَا جَنَاحَ الذُّلِّ مِنَ الرَّحْمَةِ) وهنا يشفُّ التعبير ويلطف ويبلغ شغاف القلب وحنايا الوجدان، فهي الرحمة ترق وتلطف حتى لكأنها الذل الذي لا يرفع عينا، ولا يرفض أمرا، وكأنما للذل جناح يخفضه ايذانا بالسلام والاستسلام.

كثيراً ما ترد الوصية بالوالدين لاحقة للكلام عن العقيدة في اللـه أو مصاحبة لهذا الحديث ذلك أنَّ وشيجة الأبوة والنبوة هي أول وشيجة بعد وشيجة الايمان في القوة والأهمية، وأولاهما بالرعاية والتشريف، وفي هذا الاقتران دلالتان:

١- الرعاية والتشريف.

٢- أن آصرة الايمان هي آصرة الدم.

قال تعالى **(وَوَصَّيْنَا الْإِنسَانَ بِوَالِدَيْهِ إِحْسَانًا)**

فهي وصية لجنس الانسان كلّه، قائمة على أساس انسانيته، بدون حاجة الى أية صفة أخرى وراء كونه انساناً، وهي وصيته بالاحسان مطلقة في كل شرط من كل قيد، فصفة الوالدية تقتضي هذا الاحسان بذاتها، بدون حاجة الى أية صفة أخرى كذلك، وهي وصية صادرة من خالق الانسان وربما كانت خاصة بهذا الجنس أيضا، فما يعرَّف في عالم الطير والحيوان وما اليهما أن كبارها مكلفة برعاية صغارها، والمشهد الملحوظ تكليف فطرة هذه الخلائق أن ترعى كبارها صغارها في بعض الأجناس، فهي وصية ربما كانت خاصة بجنس الانسان.

وتتكرر في القرآن الكريم وفي حديث الرسول صلى اللـه عليه وسلم الوصية بالاحسان الى الوالدين، ولا ترد وصية الوالدين بالأولاد الا نادرة، ولمناسبة حالات معينة.

ذلك أن الفطرة وحدها تتكفل برعاية الوالدين للأولاد، رعاية تلقائية، مندفعة بذاتها لا تحتاج الى مثير، وبالتضحية النبيلة الكاملة العجيبة التي كثيراً ما تصل الى حد الموت فضلاً عن الألم، بدون تردد، أما الجيل الناشىء فقلما يتلفت الى الخلف، قلما يتلفت الى الجيل المضحّي الواهب الفاني، لأنه بدوره مندفع الى الأمام، يطلب جيلاً ناشئاً منه يضحي له بدوره ويرعاه، وهكذا تمضي الحياة !

والاسلام يجعل الاسرة هي اللبنة الأولى في بنائه، والمحضن الذي تدرج فيه الطفل، والطفل الذي يحرم من محضن الأسرة ينشأ شاذا غير طبيعي في كثير من جوانب حياته، مهما توافرت له وسائل الراحة والتربية في غير محيط الأسرة، وأول ما يفقده في أي محضن آخرَ غير محضن الأسرة هو شعور الحب.

فقد ثبت أن الطفل بفطرته يحب أن يستأثر وحده بأمه فترة العامين الأولين من حياته، ولا يطيق أن يشاركه فيها أحد.

كذلك يحتاج الطفل الى سلطة واحدة ثابتة تشرف عليه فترة من حياته كي يتحقق له ثبات الشخصية، وهذا ما لا يتيسر الا في محضن الأسرة الطبيعي، فأما في المحاضن الصناعية لا تتوفر السلطة الشخصية الثابتة لتغير الحاضنات بالمناوبة على الأطفال فتنشأ شخصياتهم مخلخلة، ويحرمون ثبات الشخصية، والتجارب في

المحاضن تكشف في كل يوم عن حكمة أصيلة في جعل الأسرة هي اللبنة في بناء المجتمع السليم، الذي يستهدف الإسلام انشاءه على أساس الفطرة السليم.

والتشريع الاسلامي يعرض العلاقة بين الوالدين والأولاد في أسلوب رقيق، ويصور هذه العلاقة صورة حية فيها انعطاف ورقة (وَوَصَّيْنَا الْإِنْسَانَ بِوَالِدَيْهِ حَمَلَتْهُ أُمُّهُ وَهْنًا عَلَى وَهْنٍ وَفِصَالُهُ فِي عَامَيْنِ أَنِ اشْكُرْ لِي وَلِوَالِدَيْكَ إِلَيَّ الْمَصِيرُ (14)) وهكذا نجد في القرآن الكريم تكرار توصية الولد بالوالدين، وفي وصايا رسول الـلـه صلى الـلـه عليه وسلم، ولم ترد توصية الوالدين بالولد إلا قليلاً، ومعظمها في حالة الوأد وهي حالة خاصة في ظروف خاصة، ذلك أن الفطرة تتكفل وحدها برعاية الوليد من والديه. فالفطرة مدفوعة الى رعاية الجيل الناشيء لضمان امتداد الحياة كما يريدها الـلـه، وأن الوالدين ليبذلان لوليدهما من اجسامهما وأعصابهما وأعمارهما ومن كل ما يمكن من عزيز وغال، من غير تأفف ولا شكوى، بل في غير انتباه ولا شعور بما يبذلان، بل في نشاط وفرح وسرور، كأنهما هما اللذان يأخذان، فالفطرة وحدها كفيلة بتوصية الوالدين دون وصاة، فأما الوليد فهو في حاجة الى الوصية المتكررة ليلتفت الى الجيل المضحّي المدبر والمولي الذاهب، في أدبار الحياة. فالقرآن الكريم يصور تلك التضحية النبيلة الكريمة التي تتقدم بها الأمومة والتي لا يجزيها أبدا إحسان من الأولاد مهما أحسنوا القيام بوصية الـلـه في الـوالدين (حَمَلَتْهُ أُمُّهُ كُرْهًا وَوَضَعَتْهُ كُرْهًا وَحَمْلُهُ وَفِصَالُهُ ثَلَاثُونَ شَهْرًا) وتركيب الألفاظ وجرسها يكاد يحسم العناء والجهد. انها صورة الحمل وبخاصة في أواخر أيامه وصورة الوضع وطلقه

وآلامه ويتقدّم على الأجنة فاذا به يكشف لنا في عملية الحمل عن جسامة التضحية وبذلها في صورة حسية مؤثرة.

وفي ظلال هذه الصورة القرآنية يوجهنا القرآن الى شكر الـلـه المنعم الأول وشكر الوالدين المنعمين التاليين ويرتب الواجبات، فيجيىء شكر الـلـه أولا ويتلوه شكر الوالدين (أَنِ اشْكُرْ لِي وَلِوَالِدَيْكَ إِلَيَّ الْمَصِيرُ).

ولكن رابطة الوالدين بالوليد إنما تأتي في ترتيبها بعد وشيجة العقيدة، فبقية الوصية للانسان في علاقته بوالديه (وَإِنْ جَاهَدَاكَ عَلى أَنْ تُشْرِكَ بِي مَا لَيْسَ لَكَ بِهِ عِلْمٌ فَلَا تُطِعْهُمَا) فإلى هنا ويسقط واجب الطاعة، وتعلو وشيجة العقيدة. فمهما بذل الوالدين من جهد ومن جهاد ومن ومغالبة ومن اقناع ليغرياه بأن يشرك بالله ما يجهل أولوهيته! فهو مأمور بعدم الطاعة من الـلـه صاحب الحق الأول في الطاعة، ولكن الخلاف في العقيدة، والأمر بعدم الطاعة في خلافهما لا يسقط حق الوالدين في المعاملة الطيبة والصحبة الكريمة (وَصَاحِبْهُمَا فِي الدُّنْيَا مَعْرُوفًا)فهي رحلة قصيرة على الأرض لا تؤثر في الحقيقة الأصلية.

فالصلة في الـلـه هي الصلة الأولى والرابطة في الـلـه هي العروة الوثقى، فان كان الوالدان مشركين فلهما الاحسان والرعاية، لا الطاعة ولا الاتباع، وإن هي إلا الحياة الدنيا ثم يعود الجميع الى الـلـه.

قـــال تعـالى: (وَوَصَّيْنَا الْإِنْسَانَ بِوَالِدَيْهِ حُسْنًا وَإِنْ جَاهَدَاكَ لِتُشْرِكَ بِي مَا لَيْسَ لَكَ بِهِ عِلْمٌ فَلَا تُطِعْهُمَا إِلَيَّ مَرْجِعُكُمْ فَأُنَبِّئُكُمْ بِمَا كُنْتُمْ تَعْمَلُونَ (8)) (العنكبوت ٨).

قيل انها نزلت في سعد بن ابي وقاص رضي الله عنه وامه حمنة بنت أبي سفيان وكان باراً بأمه، فقالت له: ماهذا الدين الذي أحدثت؟ و اللـه لا أكل ولا أشرب حتى ترجع الى ما كنت عليه أو أموت، فتتعير بذلك أبد الدهر، يقال: يا قاتل أمه ثم أنها مكثت يوما وليلة لم تأكل ولم تشرب، فجاء سعد اليها وقال: يا أماه لو كنت لك مائة نفس فخرجت نفساً نفساً ما تركت ديني، فكلي إن شئت، وإن شئت لا تأكلي، فلما أيست منه أكلت وشربت. فأنزل اللـه هذه الآية أمراً بالبر والاحسان اليهما، وعدم طاعتهما في الشرك.

حق الوالدين كما ورد في القرآن الكريم

قال تعالى: (وَإِذْ أَخَذْنَا مِيثَاقَ بَنِي إِسْرَائِيلَ لَا تَعْبُدُونَ إِلَّا اللَّهَ وَبِالْوَالِدَيْنِ إِحْسَانًا وَذِي الْقُرْبَى وَالْيَتَامَى وَالْمَسَاكِينِ وَقُولُوا لِلنَّاسِ حُسْنًا وَأَقِيمُوا الصَّلَاةَ وَآتُوا الزَّكَاةَ ثُمَّ تَوَلَّيْتُمْ إِلَّا قَلِيلًا مِنْكُمْ وَأَنْتُمْ مُعْرِضُونَ(83)) (البقرة ٨٣)

المفردات
الميثاق: العهد

تفسير الآيات:-

لقد سبقت الإشارة في سورة البقرة الى الميثاق في معرض تذكير الـلـه لبني اسرائيل بإخلاف موقفهم معه.

ومن الآية الأولى ندرك أن ميثاق الـلـه مع بني اسرائيل، ذلك الميثاق الذي أخذه عليهم في ظل الجيل، والذي أمروا أن يأخذوه بقوة وأن يذكروا ما فيه، إنَّ ذلك الميثاق قد تضمَّن القواعد الثابتة لدين الـلـه، هذه القواعد التي جاء بها الاسلام أيضا، فتنكروا لها وأنكروها.

لقد تضمن ميثاق الله معهم:-

١. ألا يعبدوا الا الله. القاعدة الأولى للتوحيد المطلق.

٢. الاحسان الى الوالدين وذي القربى واليتامى والمساكين.

٣. خطاب الناس بالحسنى، وفي أولها الأمر بالمعروف والنهي عن المنكر.

٤. فريضة الصلاة وفريضة الزكاة.

وهذه في مجموعها هي قواعد الإسلام وتكاليفه.

ومن ثم تقرر حقيقتان:

١. وحدة دين الله، وتصديق هذا الدين الأخير لما قبله في أصوله.

٢. مقدار التعنت في موقف اليهود من هذا الدين، وهو يدعوهم لمثل ما عاهدوا الله عليه، وأعطوا عليه الميثاق.

وهنا يتحول السياق من الحكاية الى الخطاب، فيوجه القول الى بني اسرائيل وكان قد ترك خطابهم والتفت الى خطاب المؤمنين و ولكن توجه الخطاب اليهم هنا أخزى وأنكر (ثُمَّ تَوَلَّيْتُمْ إِلَّا قَلِيلًا مِنْكُمْ وَأَنْتُمْ مُعْرِضُونَ)

توضح هذه الآية من سورة البقرة بضرورة الاحسان للوالدين وبرهما بعد عبادة الله مباشرة.

قال تعالى (وَاعْبُدُوا اللَّهَ وَلَا تُشْرِكُوا بِهِ شَيْئًا وَبِالْوَالِدَيْنِ إِحْسَانًا وَبِذِي الْقُرْبَى وَالْيَتَامَى وَالْمَسَاكِينِ وَالْجَارِ ذِي الْقُرْبَى وَالْجَارِ الْجُنُبِ وَالصَّاحِبِ بِالْجَنْبِ وَابْنِ السَّبِيلِ وَمَا مَلَكَتْ أَيْمَانُكُمْ إِنَّ اللَّهَ لَا يُحِبُّ مَنْ كَانَ مُخْتَالًا فَخُورًا (36))(النساء ٣٦)

ففي هذه الأيات تبدأ بالأمر بعبادة الـلـه وحده، والنهي عن إشراك شيء به، وتبدأ بحرف عطف يربط بين هذا الأمر وهذا النهي، والأوامر السابقة الخاصة بتنظيم الأسرة فيدل هذا الربط عن الوحدة المتكاملة في هذا الدين، فليس هو مجرد عقيدة تستكن في الضمير ولا مجرد شعائر تقام وعبادات، ولا مجرد تنظيم دنيوي منقطع الصلة بالعقيدة، وبالشعائر التعبدية، انما هو منهج يشمل هذا النشاط كله، ويربط بين جوانبه ويشدها جميعا الى الأصل الأصيل، وهو توحيد الـلـه.

ويلي الأمر بالتوحيد والنهي عن الشرك والأمر بالاحسان الى تلك المجموعات من الأسرة الخاصة، الاسرة الانسانية، وتقبيح البخل والخيلاء والفخر وأمر الناس بالبخل، وكتمان فضل الـلـه من أي نوع سواء كان من المال أم من العلم والدين، والتحذير من اتباع الشيطان، والتلويح بعذاب الآخرة، وما فيه من خزي

وافتضاح، لربط هذا كله بالتوحيد، وتحديد المصدر الذي يتلقى منه من يعبد الـلـه ولا يشرك به شيئا.

إنَّ التشريعات والتوجيهات في منهج الـلـه إنما تنبثق كلّها من أصل واحد، وترتكز على ركيزة واحدة انها تنبثق من العقيدة بالله، وترتكز على التوحيد المطلق سمة هذه العقيدة، ومن العقيدة في الـلـه تنبع كل التصورات الأساسية للعلاقات الكونية والحيوية والإنسانية تلك التصورات التي تقوم على المناهج الاجتماعية والاقتصادية والسياسية والأخلاقية والعالمية، والتي تؤثر في علاقات الناس بعضهم ببعض، وفي كل مجالي النشاط الإنساني في الأرض التي تجعل المعاملات عبادات والعبادات قاعدة للمعاملات، بما فيها من تطهير للضمير والسلوك، والتي تحيل الحياة في النهاية وحدة متماسكة، تنبثق من المنهج الرباني وتتلقى منه وحده دون سواه، وتجعل مردها في الدنيا والآخرة الى الـلـه.

الأمر الأول بعبادة الـلـه، والنهي الثاني لتحريم عبادة أحد معه سواه نهياً شاملاً، ثم ينطلق الى الأمر بالاحسان الى الوالدين ومعظم الأوامر تتجه الى توصيه الذريّة بالوالدين وان كانت لم تغفل توجيه الوالدين الى الذرية، فقد كان الـلـه أرحم بالذراري من آبائهم وأمهاتهم في كل حال، والذرية بصفة خاصة أحوج الى توصيتها للبر بالوالدين، بالجيل المدبر المولي اذ الأولاد في الغالب يتوجهون بكينونتهم كلها، وبعواطفهم ومشاعرهم واهتماماتهم الى الجيل الذي يخلفهم لا الجيل الذي خلفهم، وبينما هم مدفوعون في تيار الحياة الى الأمام، غافلون عن التلفت الى الوراء،

تجيئهم هذه التوجيهات من الرحمن الرحيم، الذي يعلمهم عبادة الرحمة بعضهم ببعض، ولو كانوا ذرية أو والدين.

ومن هنا يبدأ الاحسان الى الوالدين، ويتوسع منها الى ذوي القربى، منهم اليتامى والمساكين، ويعقب على الأمر بالاحسان، بتقبيح الاختيال والفخر والبخل، وكتمان نعمة الـلـه وفضله في الإنفاق والكشف عن سبب هذا كله، وهو عدم الايمان بالله واليوم الآخر، واتباع الشيطان وصحبته.

قال تعالى (وَوَصَّيْنَا الْإِنْسَانَ بِوَالِدَيْهِ حُسْنًا وَإِنْ جَاهَدَاكَ لِتُشْرِكَ بِي مَا لَيْسَ لَكَ بِهِ عِلْمٌ فَلَا تُطِعْهُمَا إِلَيَّ مَرْجِعُكُمْ فَأُنَبِّئُكُمْ بِمَا كُنْتُمْ تَعْمَلُونَ (8)) (العنكبوت ٨)

التفسير

ان الصلة في اللـه هي الصلة الأولى، والرابطة في اللـه هي العروة الوثقى، فإن كان الوالدين مشركين فلهما الاحسان والرعاية، لا الطاعة ولا الإتباع، وإن هي الا الحياة الدنيا ثم يعود الجميع الى اللـه. (إِلَيَّ مَرْجِعُكُمْ فَأُنَبِّئُكُمْ بِمَا كُنْتُمْ تَعْمَلُونَ) ويفصل ما بين المؤمنين والمشركين، فاذا المؤمنون أهل ورفاق، ولو لم يعقد بينهم نسب ولا صهر.

وهكذا يعود الموصولون بالله جماعة واحدة، كما هي الحقيقة، وتذهب روابط الدم والقرابة والنسب والصهر، وتنتهي بانتهاء الحياة الدنيا، فهي روابط عارضة لا أصلية، لانقطاعها عن العروة الوثقى التي لا انفصام لها.

روى الترمذي عن تفسير هذه الآية انها نزلت في سعد ابن أبي وقاص رضي اللـه عنه، وأمه حمنة بنت ابي سفيان، وكان باراً بأمه، فقالت له: ماهذا الدين الذي أحدث ؟ و اللـه لا أكل ولا أشرب حتى ترجع الى ما كنت عليه أو أموت،

فتتعير بذلك أبد الدهر، يقال: يا قاتل أمه ثم أنها مكثت يوما وليلة لم تأكل ولم تشرب، فجاء سعد اليها وقال: يا أماه لو كنت لك مائة نفس فخرجت نفساً نفساً ما تركت ديني، فكلي إن شئت، وإن شئت لا تأكلي، فلما أيست منه أكلت وشربت. فأنزل الله هذه الآية أمراً بالبر والاحسان اليهما، وعدم طاعتهما في الشرك.

وهكذا انتصر الإيمان على فتنة القرابة والرحم، واستبقى الاحسان والبر، وان المؤمن لعرضة لمثل هذه الفتنة في كل آن، فليكن بيان الله وفعل سعد هما راية النجاة الأمان.

وخلاصة الآية تبين:

أن الله أمر عباده بالاحسان الى الوالدين، فإن الوالدين هما سبب وجود الانسان ولهما عليه غاية الاحسان، فالوالد بالانفاق والوالدة بالاشفاق والولد عند كبرهما بالرعاية والاحسان لهما.

قال تعالى: (وَقَضَى رَبُّكَ أَلَّا تَعْبُدُوا إِلَّا إِيَّاهُ وَبِالْوَالِدَيْنِ إِحْسَانًا إِمَّا يَبْلُغَنَّ عِنْدَكَ الْكِبَرَ أَحَدُهُمَا أَوْ كِلَاهُمَا فَلَا تَقُلْ لَهُمَا أُفٍّ وَلَا تَنْهَرْهُمَا وَقُلْ لَهُمَا قَوْلًا كَرِيمًا (23) وَاخْفِضْ لَهُمَا جَنَاحَ الذُّلِّ مِنَ الرَّحْمَةِ وَقُلْ رَبِّ ارْحَمْهُمَا كَمَا رَبَّيَانِي صَغِيرًا(24) رَبُّكُمْ أَعْلَمُ بِمَا فِي نُفُوسِكُمْ إِنْ تَكُونُوا صَالِحِينَ فَإِنَّهُ كَانَ لِلْأَوَّابِينَ غَفُورًا(25))

(الإسراء ٢٣-٢٥)

التفسير:

هو أمر بتوحيد المعبود بعد النهي عن الشرك، أمر في صورة قضاء، فهو أمر حتمي حتمية القضاء، ولفظ (قضى) تخلع عن الأمر معنى التوكيد، الى جانب القصر الذي يفيد النفي والاستثناء، ألا تعبدوا إلا إياه، فتبدو في جو التعبير كله ظلال و التوكيد والتشديد.

إن الرابطة الأولى بعد رابطة العقيدة. هي رابطة الأسرة ومن ثم يربط السياق بر الوالدين بعبادة الله إعلانا لقيمة هذا البر عند الله.

وبهذه العبارات الندية. و الصور الموحية يستجيش القرآن الكريم وجدان البر والرحمة في قلوب الأبناء ذلك أن الحياة وهي مندفعة في طريقها بالأحياء، توجه اهتماماتهم الى الوراء، الى الأبوة الى الحياة المولية، الى الجيل الذاهب، ومن ثم تحتاج البـنوة الى استجاشة وجدانها بقوة لتنعطف الى الخلف وتتلفت الى الآباء والأمهات.

إن الوالدين يندفعان بالفطرة الى رعاية الأولاد، الى التضحية بكل شيء حتى بالذات، وكما تمتص النبتة الخضراء كل غذاء في الحبة فاذا هي فتات، ويمتص الفرخ كل غذاء في البيضة فاذا هي قشر، كذلك يمتص الأولاد رحيق وكل عافية وكل جهد وكل اهتمام من الوالدين فاذا هما شيخوخة فانية وهما مع ذلك سعيدان.

فأما الأولاد فسرعان ما ينسون هذا كله أو يندفعون بدورهم الى الأمام الى الزوجات والذرية، وهكذا تندفع الحياة.

ومن ثم لا يحتاج الآباء الى توصية الأبناء، وانما يحتاج هؤلاء الى استجاشة وجدانهم بقوة ليذكروا واجب الجيل الذي أنفق رحيقه كله حتى أدركه الجفاف.

وهنا يجيء الأمر بالإحسان الى الوالدين في صورة قضاء من اللـه يحمل معنى الأمر المؤكد بعد الأمر المؤكد بعبادة اللـه.

ثم يأخذ السياق في تظليل الجو كله بأرق الظلال، وفي استجاشة الوجدان بذكريات الطفولة ومشاعر الحب والعطف والحنان.

(إِمَّا يَبْلُغَنَّ عِنْدَكَ الْكِبَرَ أَحَدُهُمَا أَوْ كِلَاهُمَا)والكبر له جلاله وضعف الكبر له ايحاؤه، وكلمة عندك تصور معنى الالتجاه والاحتماء في حالة الكبر والضعف (فَلَا تَقُلْ لَهُمَا أُفٍّ وَلَا تَنْهَرْهُمَا) وهي أول مرتبة من مراتب الرعاية والأدب ألا يبدر من الولد ما يدل على الضجر والضيق وما يشي بالإهانة وسوء الأدب (وَقُلْ لَهُمَا قَوْلًا كَرِيمًا)وهي المرتبة أعلى ايجابية أن يكون كلامه لها يشي بالأكرام والاحترام (وَاخْفِضْ لَهُمَا جَنَاحَ الذُّلِّ مِنَ الرَّحْمَةِ) وهنا يشف التعبير ويلطف، ويبلغ شغاف القلب وحنايا الوجدان، فهي الرحمة ترق وتلطف حتى لكأنها الذل الذي لا يرفع عينا، ولا يرفض أمرا، وكأنما للذل جناح يخفضه ايذانا بالسلام والاستسلام (وَقُلْ رَبِّ ارْحَمْهُمَا كَمَا رَبَّيَانِي) صَغِيرًا فهي الذكرى الحانية، ذكرى الطفولة الضعيفة يرعاها الوالدان، وهما اليوم في مثلها من الضعف والحاجة الى الرعاية والحنان، وهو التوجّه الى اللـه أن يرحمهما فرحمة اللـه أوسع ورعاية اللـه أشمل، وجناب اللـه أرحب، وهو أقدر على جزائهما بما بذلا من دمهما وقلبهما مما لا يقدر على جزائه الأبناء.

قال الحافظ بكر البزار _بإسناده_ عن بريدة عن أبية: أن رجلا كان في الطواف حاملا أمه يطوف بها، فسأل النبي صلى اللـه عليه وسلم هل اديت حقها ؟ قال: لا، ولا بزفرة واحدة.

والآن الانفعالات والحركات موصولة بالعقيدة بالسياق، فإنه يرجع الأمر كله لله الذي يعلم النوايا، ويعلم ما وراء الأقوال والأفعال.

(رَبُّكُمْ أَعْلَمُ بِمَا فِي نُفُوسِكُمْ إِنْ تَكُونُوا صَالِحِينَ فَإِنَّهُ كَانَ لِلْأَوَّابِينَ غَفُورًا(25))

وجاء هذا النص قبل أن يمضي في بقية التكاليف والواجبات والآداب ليرجع اليه كل قول وكل فعل، وليفتح باب التوبة والرحمة لمن يخطىء أو يقصر، ثم يرجع فيتوب من الخطأ والتقصير.

وما دام القلب صالحاً، فان باب المغفرة مفتوح، والأوابون هم الذين كلما أخطأوا عادوا الى ربهم مستغفرين.

خلاصة الآية:

من هذه الآية نفهم أن الاسلام جعل للوالدين حق البر واللطف والرعاية والرحمة، وأكد هذا الحق بأن قرنه بحق الـلـه لما له من الإجلال والوفاء.

وأمر بما يلي:

١. أن لا تسمعهما قولاً سيئاً ولا حتى التأفف الذي هو أدنى مراتب القول السيىء.

٢. القول اللين الطيب الحسن بتأدب وتوقير وتعظيم.

٣. التواضع لهما بفعلك.

قال تعالى (يَسْأَلُونَكَ مَاذَا يُنْفِقُونَ قُلْ مَا أَنْفَقْتُمْ مِنْ خَيْرٍ فَلِلْوَالِدَيْنِ وَالْأَقْرَبِينَ وَالْيَتَامَى وَالْمَسَاكِينِ وَابْنِ السَّبِيلِ وَمَا تَفْعَلُوا مِنْ خَيْرٍ فَإِنَّ اللَّهَ بِهِ عَلِيمٌ(215)) (البقرة ٢١٥) .

تفسير الآية:

في جملة الأسئلة كان سؤال عن الانفاق مواضعه ومقاديره، ونوع المال الذي تكون فيه النفقة، لقد وردت آيات كثيرة في الإنفاق سابقة على هذا السؤال، فالانفاق في مثل الظروف التي نشأ فيها الاسلام ضرورة لقيام الجماعة المسلمة في وجه الصعاب والحرب ثم هو ضرورة من ناحية أخرى، من ناحية التضامن والتكافل من افراد الجماعة، وازالة الفوارق الشعورية بحيث لا يحس أحد أنه عضو في ذلك الجسد. ولا ولا يحتجز دونه شيئا ولا يحتجز عنه شيئا، وهو أمر له قيمته الكبرى في قيام الجماعة شعورياً، إذا كان سوء الحاجة له قيمته في قيامها عمليا.

وهنا يسأل بعض المسلمين: ((ماذا ينفقون)) ؟

وهو سؤال عن نوع ما ينفقون، فجاؤهم الجواب يبين صفة الإنفاق، ويحدد كذلك أولى مصارفة وأقربها ((قل ما أنفقتم من خير))

ولهذا التعبير ايحاءان: الأول أن الذي ينفق خير، خير للمعطي وخير للآخذ وخير للجماعة وخير في ذاته فهو عمل طيب، وتقدّمة طيبة، وشيء طيب، والايحاء الثاني أن يتحرّى المنفق أفضل ما عنده فينفق منه، وخير ما لديه فيشارك الآخرين فيه، فالإنفاق تطهير للقلب وتزكية للنفس، ثم منفعة للآخرين وعون،

وتحري الطيب والنزول عنه للآخرين هو الذي يحقق للقلب الطهارة وللإيثار معناه الكريم.

أما طريق الإنفاق ومصرفه فيجيىء بعد تقرير نوعه.

(فَلِلْوَالِدَيْنِ وَالْأَقْرَبِينَ وَالْيَتَامَى وَالْمَسَاكِينِ وَابْنِ السَّبِيلِ)وهو يربط بين طوائف من الناس، بعضهم تربطه رابطة العصب وبعضهم الرحم وبعضهم رابطة الرحمة، وبعضهم رابطة الانسانية الكبرى في إطار العقيدة وكلهم يتجاوزون في الآية الواحدة:-

أ- الوالدان.

ب- الأقربون.

ج_ اليتامى والمساكين وابن السبيل.

وكلهم يتضامنون في رباط التكافل الإجتماعي الوثيق بين بني الإنسان في إطار العقيدة ولكن هذا الترتيب في الآية وفي الآيات الأخرى والذي تزيده في بعض الأحاديث النبوية تحديداً ووضوحاً كالذي جاء في صحيح مسلم عن جابر أن رسول اللـه صلى اللـه عليه وسلم قال لرجل (ابدأ بنفسك فتصدّق عليها، فان فضل شيء فلأهلك، فان فضل شيء عن أهلك فلذي قرابتك، فان فضل عن ذي قرابتك شيء فهكذا وهكذا.

هذا الترتيب يشير إلى منهج الاسلام الحكيم البسيط في تربية النفس الانسانية وقيادتها إنه يأخذ الانسان كما هو، بفطرته وميوله الطبيعية في استعداداته.

ولقد علم اللـه إن الانسان يحب ذاته، فأمره أولا بكفايتها قبل أن يأمره بالإنفاق على من سواها، وأباح له الطيبات من الرزق. ولقد علم اللـه أن الإنسان يحب أول ما يحب أفراد أسرته الأقربين وعياله ووالديه، فسار به خطوة في الإنفاق وراء ذاته الى هؤلاء الذين يحبهم، ليعطيهم من ماله وهو راضي، فيرضي ميله الفطري الذي لا ضير منه، بل فيه حكمة وخير، وفي الوقت ذاته يعول ويكفل أُناساً هم أقرباؤه الأولون، نعم ولكنهم فريق من الأمة، إن لم يعطوا احتاجوا، وأَخذهم من القريب أكرم لهم من أخذهم من البعيد، وفيه في الوقت ذاته إشاعة للحب والسلام في المحضن الأول وتوثيق لروابط الأسرة التي شاء اللـه أن تكون اللبنة الأولى في بناء الانسانية الكبير.

ولقد علم اللـه أن الانسان يجد حبه وحميته بعد ذلك الى أهله الأقربين، تساير عواطفه وميوله الفطرية، وتقي حاجة هؤلاء، وتقوي أواصر الأسرة البعيدة، وتضمن وحدة قوية في وجدان الجماعة المسلمة.

نلاحظ في هذه الآية يقدم اللـه سبحانه وتعالى الوالدين على الأقربين واليتامى والمساكين وابن السبيل في الصدقة والإنفاق.

خلاصة الآية

في هذه الآية يقدم اللـه سبحانه وتعالى الوالدين عن الأقربين واليتامى والمساكين وابن السبيل في صدقة التطوّع، ويؤكد ذلك حديث الرسول صلى اللـه عليه وسلم ((**أمك، وأباك، وأختك، وأخاك، وأدناك أدناك**)).

قال تعالى ﴿قُلْ تَعَالَوْا أَتْلُ مَا حَرَّمَ رَبُّكُمْ عَلَيْكُمْ أَلَّا تُشْرِكُوا بِهِ شَيْئًا وَبِالْوَالِدَيْنِ إِحْسَانًا وَلَا تَقْتُلُوا أَوْلَادَكُمْ مِنْ إِمْلَاقٍ نَحْنُ نَرْزُقُكُمْ وَإِيَّاهُمْ وَلَا تَقْرَبُوا الْفَوَاحِشَ مَا ظَهَرَ مِنْهَا وَمَا بَطَنَ وَلَا تَقْتُلُوا النَّفْسَ الَّتِي حَرَّمَ اللَّهُ إِلَّا بِالْحَقِّ ذَلِكُمْ وَصَّاكُمْ بِهِ لَعَلَّكُمْ تَعْقِلُونَ(151) ﴾ (الأنعام ١٥١)

التفسير

ترد وصايا بمناسبة الحديث عن تشريعات الأنعام والثمار وأوهام الجاهلية وتصرفاتها فاذا هي قوام هذا الدين كله، وإنها قوام حياة الضمير بالتوحيد، وقوام حياة الأسرة بأجيالها المتتابعة، وقوام حياة المجتمع بالتكافل والطهارة فيما يجري فيه من معاملات، وقوام حياة الانسانية وما يحوط الحقوق فيها من ضمانات، مرتبطة بعهد الـلـه، كما أنها بدأت بتوحيد الـلـه.

وتنظر في ختام هذه الوصايا، فاذا الـلـه سبحانه وتعالى يقرر أن هذا صراطه المستقيم، وكل ما عداه سبيل تتفرق بالناس عن سبيله الواصل، الوحيد. إنه أمر هائل هذا الذي تتضمنه الآيات، أمر هائل يجيىء في أعقاب قضية تبدأ كأنها لمحة جانبية

من الجاهلية، ولكنها في الحقيقة هي قضية هذا الدين الأساسية، بدلالة ربطها بهذا الوصايا الهائلة الكلية (قُلْ تَعَالَوْا أَتْلُ مَا حَرَّمَ رَبُّكُمْ عَلَيْكُمْ)

قل: تعالوا اقص عليكم ما حرمه عليكم ربكم، لا ما تدعون أنتم أنه حرمّه بزعمكم، لقد حرمَّه عليكم ((ربكم)) الذي له وحده حق الربوبية، وهي القوامة والتربية والتوحيد والحاكمية واذا فهو اختصاصه وموضع سلطانه، فالذي يحرم هو (الرب) و الـلـه وحده الذي يجب أن يكون رباً. (أَلَّا تُشْرِكُوا بِهِ شَيْئًا)

القاعدة التي يقوم عليها بناء العقيدة وترجع اليها التكاليف والفرائض، وتستخدمها منها الحقوق والواجبات، القاعدة التي يجب أن تقوم أولا قبل الدخول في الأوامر والنواهي، وقبل الدخول في التكاليف والفرائض، وقبل الدخول في النظام والأوضاع، وقبل الدخول في الشرائع والأحكام، يجب ابتداء أن يعترف الانسان بربوبية الـلـه وحده في حياتهم، كما يعترفون بألوهيته وحده في عقيدتهم لا يشركون معه أحداً في ألوهيته ولا يشركون مع أحد في ربوبيته كذلك، يعترفون له وحده بأنه المتصرّف في شؤون هذا الكون عالم الأسباب والأقدار، ويعترفون له وحده بأنه المتصرّف في حسابهم وجزائهم يوم الدين ويعترفون له وحده بأنه المتصرّف في شؤون العباد في عالم الحكم والشريعة كلها سواء.

انها تنقية الضمير من أوشاب الشرك، وتنقية العقل من أوشاب الخرافة، وتنقية المجتمع من تقاليد الجاهلية وتنقية الحياة من عبودية العباد للعباد.

ان التوحيد على اطلاقه لهو القاعدة الأولى التي لا يغني غناءها شيء آخر، من عبادة أو خلق أو عمل من أجل ذلك تبدأ الوصايا كلها بهذه القاعدة.

أن اللـه قبل أن يوصي الانسان أي وصية، أوصاهم ألا يشركوا به شيئا، إنها القاعدة التي يرتبط على أساسها الفرد بالله على بصيرة، ويرتبط بها الجماعة بالمعيار الثابت وبالقيم الأساسية التي تحكم الحياة البشرية. (وَبِالْوَالِدَيْنِ إِحْسَانًا وَلَا تَقْتُلُوا أَوْلَادَكُمْ مِنْ إِمْلَاقٍ نَحْنُ نَرْزُقُكُمْ وَإِيَّاهُمْ)

انها رابطة الأسرة بأجيالها المتلاحق، تقوم بعد الرابطة في اللـه ووحدة الاتجاه، ولقد علم اللـه سبحانه أنه أرحم بالناس من الأباء والأبناء فأوصى الآباء بالأبناء، وربط الوصية بمعرفة ألوهيته الواحدة، والارتباط بربوبيته المتفردة، وقال لهم: أنه هو الذي يكفل لهم الرزق، فلا يضيقوا بالاحسان الى الوالدين في كبر منهما ولا تجاه الاولاد في ضعفهم و ولا يخافوا الفقر والحاجة فالله تكفل برزقهم جميعا. (وَوَصَّيْنَا الْإِنْسَانَ بِوَالِدَيْهِ حَمَلَتْهُ أُمُّهُ وَهْنًا عَلَى وَهْنٍ وَفِصَالُهُ فِي عَامَيْنِ أَنِ اشْكُرْ لِي وَلِوَالِدَيْكَ إِلَيَّ الْمَصِيرُ (14) وَإِنْ جَاهَدَاكَ عَلَى أَنْ تُشْرِكَ بِي مَا لَيْسَ لَكَ بِهِ عِلْمٌ فَلَا تُطِعْهُمَا وَصَاحِبْهُمَا فِي الدُّنْيَا مَعْرُوفًا وَاتَّبِعْ سَبِيلَ مَنْ أَنَابَ إِلَيَّ ثُمَّ إِلَيَّ مَرْجِعُكُمْ فَأُنَبِّئُكُمْ بِمَا كُنْتُمْ تَعْمَلُونَ(15)) (لقمان١٤-١٥)

التفسير

انها العَظة التي بين الوالد لولده ما يريد، وما يكون الوالد لولده إلا ناصحاً، وهذا لقمان الحكيم ينهى ابنه عن الشرك، ويعلل هذا النهي بأن الشرك

ظلم عظيم ويؤكد هذه الحقيقة مرتين، مرة بتقديم النهي وفصل علته، مرة بأن واللام..

وفي ظل تضحية الأب لابنه يعرض العلاقة بين الوالدين والأولاد في اسلوب رقيق، وتوصية الولد بالوالدين تتكرر في القرآن الكريم، وفي وصايا الرسول صلى الـلـه عليه وسلم، ولم ترد توصية الوالدين بالولد الا قليلا، ومعظمها في حالة الوأد، وهي حالة خاصة، ذلك أن الفطرة تتكفل وحدها برعاية الوليد من والديه، فالفطرة مدفوعة الى رعاية الجيل الناشىء لضمان امتداد الحياة، كما يريدها الـلـه،وان الوالدين ليبذلان لوليدهما من أجسامهما وأعصابهما وأعمارهما من كل ما يملكان من عزيز وغال، ومن غير تأفف ولا شكوى بل في غير انتباه ولا شعور بما يبذلان ! بل في نشاط وفرح وسرور كأنهما هما اللذان يأخذان. فالفطرة وحدها كفيلة بتوصية الوالدين دون وصاه،فأما الوليد فهو في حاجه الى الوصيه المكرره ليلتفت الى الجيل المضحي المدبر المولى الذاهب في ادبار الحياه وفي ظلال تلك الصورة يوجّه شكر الـلـه المنعم الأول، وشكر الوالدين المنعمين التاليين، ويرتب الواجبات فيجيىء شكر الـلـه أولا ويتلوه شكر الوالدين (ان اشكر لي ولوالديك) ويربط بهذه الحقيقة حقيقة الآخرة ((الي المصير)) حيث ينفع رصيد الشكر المذخور ولكن رابطة الوالدين بالوليد عن كل هذا الانعطاف انما تأتي في ترتيبها بعد وشيجة العقيدة، فبقية الوصية للانسان في علاقته بوالديه ((وَإِنْ جَاهَدَاكَ عَلى أَنْ تُشْرِكَ بِي مَا لَيْسَ لَكَ بِهِ عِلْمٌ فَلَا تُطِعْهُمَا)) فالى هنا ويسقط واجب الطاعة، وتعلو وشيجة العقيدة على كل

وشيجة، فمهما بذل الوالدان من جهد ومن جهاد ومن اقناع ليغرياه بأن يشرك بالله ما يجهل الوهيته، وكل ما عدا اللـه لا الوهية له، فهو مأمور بعد الطاعة من اللـه صاحب الحق الأول في الطاعة.

ولكن الاختلاف بالعقيدة والامر بعدم الطاعة في خلافها، لا يسقط حق الوالدين في المعاملة الطيبة والصحبة الكريمة (وصاحبهما في الدنيا معروفا) فهي رحلة قصيرة على الأرض لا تؤثر في الحقيقة الأصلية (واتبع سبيل من أناب إلي) من المؤمنين (ثم إلي مرجعكم) بعد رحلة الأرض المحدودة (فأنبئكم بما كنتم تعملون) ولكل جزاء ما عمل من كفر أو شكر، ومن شرك أو توحيد.

وبقية سياق الآيات توصية لقمان لابنه وهو يعظه فهو يتابع معه خطوات العقيدة بعد استقرارها، فهذا شأن الداعية المخلص.

خلاصة الآية:

ان حرص عليك والداك كل الحرص، على أن تتابعهما على دينهما اذا كانا مشركين فلا تقبل منهما ذلك، ولا يمنعك ذلك أنْ تصاحبهما بالدنيا بعمل المعروف والاحسان اليهما.

قال تعالى (وَوَصَّيْنَا الْإِنْسَانَ بِوَالِدَيْهِ إِحْسَانًا حَمَلَتْهُ أُمُّهُ كُرْهًا وَوَضَعَتْهُ كُرْهًا وَحَمْلُهُ
وَفِصَالُهُ ثَلَاثُونَ شَهْرًا حَتَّى إِذَا بَلَغَ أَشُدَّهُ وَبَلَغَ أَرْبَعِينَ سَنَةً قَالَ رَبِّ أَوْزِعْنِي أَنْ أَشْكُرَ
نِعْمَتَكَ الَّتِي أَنْعَمْتَ عَلَيَّ وَعَلَى وَالِدَيَّ وَأَنْ أَعْمَلَ صَالِحًا تَرْضَاهُ وَأَصْلِحْ لِي فِي ذُرِّيَّتِي
إِنِّي تُبْتُ إِلَيْكَ وَإِنِّي مِنَ الْمُسْلِمِينَ (15) أُولَئِكَ الَّذِينَ نَتَقَبَّلُ عَنْهُمْ أَحْسَنَ مَا عَمِلُوا
وَنَتَجَاوَزُ عَنْ سَيِّئَاتِهِمْ فِي أَصْحَابِ الْجَنَّةِ وَعْدَ الصِّدْقِ الَّذِي كَانُوا يُوعَدُونَ (16) وَالَّذِي
قَالَ لِوَالِدَيْهِ أُفٍّ لَكُمَا أَتَعِدَانِنِي أَنْ أُخْرَجَ وَقَدْ خَلَتِ الْقُرُونُ مِنْ قَبْلِي وَهُمَا يَسْتَغِيثَانِ اللَّهَ
وَيْلَكَ آمِنْ إِنَّ وَعْدَ اللَّهِ حَقٌّ فَيَقُولُ مَا هَذَا إِلَّا أَسَاطِيرُ الْأَوَّلِينَ (17) أُولَئِكَ الَّذِينَ حَقَّ
عَلَيْهِمُ الْقَوْلُ فِي أُمَمٍ قَدْ خَلَتْ مِنْ قَبْلِهِمْ مِنَ الْجِنِّ وَالْإِنْسِ إِنَّهُمْ كَانُوا خَاسِرِينَ(18))
(الأحقاف ١٥_١٨)

التفسير

هذه الوصية لجنس الانسان كله،قائمة على أساس انسانية، وهي وصية
بالاحسان

مطلقة من كل شرط ومن كل قيد، فصفة الوالدية تقتضي هذه الاحسان بذاتها بدون حاجة الى أي صفة أخرى كذلك، وهي وصية صادرة من خالق الانسان وربما كانت خاصة بهذا الجنس أيضا، فما يعرف في عالم الطير أو الحيوان وما اليهما أن كبارها مكلفة برعاية صغارها والمشهد الملحوظ فقط تكليف فطرة هذه الخلائق أن ترعى كبارها صغارها في بعض الاجناس، فهي وصية ربما كانت خاصة بجنس الانسان.

وتتكرر في القرآن الكريم وفي حديث الرسول صلى الـلـه عليه وسلم الوصية بالإحسان الى الوالدين ولا ترد وصية الوالدين بالأولاد الا نادرا، ولمناسبة حالات معينة، ذلك أن الفطرة وحدها تتكفل برعاية الوالدين للأولاد، رعاية تلقائية مندفعة بذاتها لا تحتاج الى مثير، وبالتضحية النبيلة الكاملة العجيبة التي كثيرا ما تصل الى حد الموت بدون تردد، ودون انتظار عوض ودون منَ ولا رغبة حتى في الشكر.

والاسلام يجعل الأسرة هي اللبنة الأولى في بناءه، والمحضن الذي تدرّج في الطفولة وتكبر، وتتلقى رصيدها من الحب والتعاون والتكافل والبناء، كما يصور القرآن تلك التضحية الكريمة التي تتقدم بها الأمومة، والتي لا يجزيها أبدا إحسان من الأولاد مهما أحسنوا القيام بوصية الـلـه في الوالدين. (حَمَلَتْهُ أُمُّهُ كُرْهًا وَوَضَعَتْهُ كُرْهًا وَحَمْلُهُ وَفِصَالُهُ ثَلَاثُونَ شَهْرًا)

ترتيب الألفاظ وجرسها يكاد يحسم العناء والجهد، انها صورة الحمل وبخاصة في أواخر أيامه، وصورة الوضع وطلقه وآلامه، ثم الوضع وهي عملية شاقة ولكن ألامها الهائلة كلها لا تقف في وجه الفطرة ولا تنسي الآلام حلاوة الثمرة،

ومنح الحياة نبتة جديدة تعيش وتمتد، بينهما هي تذوي وتموت ! ثم الإرضاع والرعاية، حيث تعطي الأم عصارة لحمها وعظمها في اللبن، وعصارة قلبها وأعصابها في الرعاية، ومع ذلك فهي سعيدة رحيمة ودودة.

ويخلص من هذه الوقفة بالوصية بالوالدين، واستجاشة الضمائر بصورة التضحية النبيلة الممثلة في الأم الى مرحلة النضج والرشد، مع استقامة الفطرة واهتداء القلب (حَتَّى إِذَا بَلَغَ أَشُدَّهُ وَبَلَغَ أَرْبَعِينَ سَنَةً قَالَ رَبِّ أَوْزِعْنِي أَنْ أَشْكُرَ نِعْمَتَكَ الَّتِي أَنْعَمْتَ عَلَيَّ وَعَلَى وَالِدَيَّ وَأَنْ أَعْمَلَ صَالِحًا تَرْضَاهُ وَأَصْلِحْ لِي فِي ذُرِّيَّتِي إِنِّي تُبْتُ إِلَيْكَ وَإِنِّي مِنَ الْمُسْلِمِينَ)وبلوغ الأشد يتراوح بين الثلاثين والأربعين، والأربعون هي غاية النضج والرشد، وفيها تكتمل جميع القوى والطاقات، ويتهيأ الانسان للتدبر والتفكر في الكمال والهدوء، وفي هذه السنن تتجه الفطرة المستقيمة السليمة الى ما وراء الحياة وما بعد الحياة، وتتدبر المصير والمآل.

ويصوّر القرآن من خوالج النفس المستقيمة، وهي في مفرق الطريق، بين شطر من العمر ولى، وشطر آخر يبتدىء، وهي تتجه الى الـلـه: (رَبِّ أَوْزِعْنِي أَنْ أَشْكُرَ نِعْمَتَكَ الَّتِي أَنْعَمْتَ عَلَيَّ وَعَلَى وَالِدَيَّ)

دعوة القلب الشاعر بنعمة ربه، المستعظم المستكثر لهذه النعمة التي تغمره، وتغمر والديه قبله فهي قديمة العهد به يدعو ربه أن يعينه بأن يجمعه كله (أوزعني) لينهض بواجب الشكر، فلا يفرق طاقته ولا اهتمامه في مشاغل أخرى.

ويطلب العون للتوفيق الى عمل صالح، يبلغ في كماله واحسانه ان يرضاه ربه فرضى ربه هو الغاية التي يتطلع اليها، وهو وحده الرجاء الذي يأمل فيه (وَأَصْلِحْ لِي فِي ذُرِّيَّتِي) وهذه ثالثة، وهي رغبة القلب المؤمن في أن يتصل عمله الصالح في ذريته، وأن يؤنس قلبه شعوره بأنه في عقبة من يعبد الله ويطلب رضاه. الذرية الصالحة أمل العبد الصالح، والدعاء يمتد من الوالدين الى الذرية ليصل الأجيال المتعاقبة في طاعة الله وشفاعته الى ربه.

أما النموذج الآخر فهو نموذج الانحراف والفسوق والضلال.
(وَالَّذِي قَالَ لِوَالِدَيْهِ أُفٍّ لَكُمَا أَتَعِدَانِنِي أَنْ أُخْرَجَ وَقَدْ خَلَتِ الْقُرُونُ مِنْ قَبْلِي) فالوالدان مؤمنان، والولد العاق يجحد برهما أول ما يجحد، فيخاطبهما بالتأفف الجارح الخشن الوقح، ثم يجحد الآخرة بالحجة الواهية، ويجحد البعث.
والوالدان يريان الجحود ويسمعان الكفر، ويفزعان مما يقوله الولد العاق لربه ولهما، وترتعش اجسامهما لهذا التهجم والتطاول ويهتفان به (وَهُمَا يَسْتَغِيثَانِ اللَّهَ وَيْلَكَ آمِنْ إِنَّ وَعْدَ اللَّهِ حَقٌّ) ويبدو في خطابه قولهما الفزع من هول ما يسمعان بينما يصر على كفره، ويلج في جحوده (فَيَقُولُ مَا هَذَا إِلَّا أَسَاطِيرُ الْأَوَّلِينَ) وهنا معالجة الله بالمصير المحتوم، والقول الذي حق على هذا وأمثاله هو العقاب الذي ينال الجاحدين المكذبين وهم كثير، خلت بهم القرون من الجن والإنس، حسب

وعد اللـه الصادق الإيمان واليقين في الدنيا، ثم خسارة الرضوان والنعيم في الآخرة ثم العذاب الذي يحق على الجاحدين المنحرفين.

خلاصة الآيات:

١. بيان ما تقاسيه الأم في حال حملها من تعب ومشقة.

٢. حال ولادته من ألم.

٣. حال إرضاعه والإعتناء به.

٤. دور الإبن اتجاه والديه.

بر الوالدين صفة أساسية للأنبياء والرسل

قال تعالى(فَأَتَتْ بِهِ قَوْمَهَا تَحْمِلُهُ قَالُوا يَا مَرْيَمُ لَقَدْ جِئْتِ شَيْئًا فَرِيًّا (27) يَا أُخْتَ هَارُونَ مَا كَانَ أَبُوكِ امْرَأَ سَوْءٍ وَمَا كَانَتْ أُمُّكِ بَغِيًّا (28) فَأَشَارَتْ إِلَيْهِ قَالُوا كَيْفَ نُكَلِّمُ مَنْ كَانَ فِي الْمَهْدِ صَبِيًّا (29) قَالَ إِنِّي عَبْدُ اللَّهِ آتَانِيَ الْكِتَابَ وَجَعَلَنِي نَبِيًّا (30) وَجَعَلَنِي مُبَارَكًا أَيْنَ مَا كُنْتُ وَأَوْصَانِي بِالصَّلَاةِ وَالزَّكَاةِ مَا دُمْتُ حَيًّا (31) وَبَرًّا بِوَالِدَتِي وَلَمْ يَجْعَلْنِي جَبَّارًا شَقِيًّا (32) وَالسَّلَامُ عَلَيَّ يَوْمَ وُلِدْتُ وَيَوْمَ أَمُوتُ وَيَوْمَ أُبْعَثُ حَيًّا (33) ذَلِكَ عِيسَى ابْنُ مَرْيَمَ قَوْلَ الْحَقِّ الَّذِي فِيهِ يَمْتَرُونَ (34) مَا كَانَ لِلَّهِ أَنْ يَتَّخِذَ مِنْ وَلَدٍ سُبْحَانَهُ إِذَا قَضَى أَمْرًا فَإِنَّمَا يَقُولُ لَهُ كُنْ فَيَكُونُ(35)) (مريم ٣٠_٣٤)

قال اللـه سبحانه وتعالى عن سيدنا عيسى ابن مريم عليه السلام أن حادث ميلاد عيسى عليه السلام هو المقصود في هذا الموضع، وذلك عيسى ابن مريم الحق الذي فيه يمترون، ذلك عيسى ابن مريم، لا ما يقوله المؤلهون له، أو المتهمون لأمه في مولده، ذلك هو في حقيقته. ذلك يقول قول الحق الذي فيه يشكون، يقولها

لسانه ويقولها الحال في قصته ((ماكان الـلـه أن يتخذ من ولد)) تعالى وتنزه فليس من شأنه أن يتخذ ولداً، والولد إنما يتخذه الفانون للامتداد ويتخذه الضعفاء للنصرة، و الـلـه باق لا يخشى فناء، قادر لا يحتاج معينا، والكائنات كلها توجد بكلمة كن، وينتهي ما يقوله عيسى عليه السلام باعلان ربوبية الـلـه له وللناس، ودعوته الى عبادة الـلـه الواحد بلا شريك، فلا يبقى بعد شهادة عيسى عليه السلام وشهادة قصته مجال للأوهام والأساطير.

ونلاحظ ان سيدنا عيسى عليه السلام يعلن عبوديته لله، فليس هو ابنه كما تدعي فرقة، وليس هو اله كما تدعي فرقة أخرى، وليس هو ثالث ثلاثة هم إله واحد، وهم ثلاثة كما تدعي فرقة أخرى، ويعلن ان الـلـه جعله نبيا، لا ولدا ولا شريكاً، وبارك فيه وأوصاه بالصلاة والزكاة مدة حياته والبر بوالدته، والتواضع مع عشيرته.

فله اذا حياة ممدودة ذات أمد، وهو يموت ويبعث، وقد قدر الـلـه له السلام والأمان والطمأنينة يوم ولد ويوم يموت ويوم يبعث حيا.

معاني المفردات:
١. براً بوالدتي: أمرني بالبر لوالدتي. ٢. جبارا شقيا: لم يجعلني جباراً مستكبراً عن عبادته وطاعته وبر والدتي، فأشقى بذلك، قال سفيان الثوري: الجبار الشقي الذي يقتل على الغضب، وقال بعض السلف لا تجد أحدا عاقا لوالديه الا وجدته جباراً شقياً.

قال تعالى على لسان سيدنا ابراهيم عليه الصلاة والسلام (**رَبِّ اجْعَلْنِي مُقِيمَ الصَّلَاةِ وَمِن ذُرِّيَّتِي رَبَّنَا وَتَقَبَّلْ دُعَاءِ (٤٠) رَبَّنَا اغْفِرْ لِي وَلِوَالِدَيَّ وَلِلْمُؤْمِنِينَ يَوْمَ يَقُومُ الْحِسَابُ(٤١)**)

(سورة ابراهيم ٤٠_٤١)

التفسير:

يعقب ابراهيم عليه السلام على دعاء اللـه لذريته الساكنة بجوار بيته المحرّم لتقيم الصلاة وتشكر اللـه، يعقب على الدعاء بتسجيله لعلم اللـه الذي يطلع على ما في قلوبهم من توجه وشكر ودعاء. فليس القصد هو المظاهرات والأدعية والتصدية والمكاء، انما هو توجّه القلب الى اللـه الذي يعلم السر والجهر ولا يخفى عليه شيء في الأرض ولا في السماء.

ويعقب على الشكر بدعاء اللـه أن يجعله مديما للشكر، الشكر بالعبادة والطاعة فيعلن بهذا تصميمه على العبادة وخوفه أن يعوقه عنها عائق، أو يصرفه عنها صارف، ويستعين اللـه على انفاذ عزيمته وقبول دعائه.

وفي ظل هذا الدعاء تبدو المفارقة مرة اخرى في موقف حيرة البيت من قريش، وهذا ابراهيم يجعل عون اللـه له على اقامة الصلاة رجاء يرجوه، ويدعو اللـه ليوفقه اليه وهم ينأون عنه ويعرضون ويكذبون الرسول الذي يذكرهم بما كان ابراهيم يدعو اللـه أن يعينه عليه هو وبنيه من بعد.

ويختم ابراهيم عليه السلام دعاءه الضارع الخاشع بطلب المغفرة له ولوالديه وللمؤمنين جميعا، يوم يقوم الحساب فلا ينفع انسانا الا عمله ثم مغفرة الله في تقصيره (ربنا اغفر لي ولوالدي وللمؤمنين يوم يقوم الحساب)

وينتهي المشهد الطويل، مشهد الدعاء الخاشع ومشهد تعداد النعم والشكر عليها بعد أن يخلع على الموقف كله ظلاً وديعاً لطيفاً، تهوى القلوب معه الى جوار الله وتذكر القلوب فيه نعم الله، ويرتسم ابراهيم عليه السلام ابو الأنبياء نموذجا للعبد الصالح الذاكر الشاكر كما ينبغي أن يكون عباد الله، الذين وجه الحديث اليهم قبل هذا الدعاء.

وتلاحظ دعوة أبي الأنبياء بالمغفرة له ولوالديه وللمؤمنين فقد جمع نفسه ووالديه والمؤمنين في طلب المغفرة من الله سبحانه وهذا رأس البر للوالدين وهو الدعاء لهم بالمغفرة.

ومدلول الجمع بين النبي والمؤمنين والوالدين وإنما هو في معرض التكريم والبر والرحمة والمحبة لمن دعي لهم من قبل أبي الأنبياء وابراهيم عليه الصلاة والسلام.

وقال تعالى عن سيدنا يحيى عليه السلام (يَا يَحْيَى خُذِ الْكِتَابَ بِقُوَّةٍ وَآتَيْنَاهُ الْحُكْمَ صَبِيًّا (12)وَحَنَانًا مِنْ لَدُنَّا وَزَكَاةً وَكَانَ تَقِيًّا (13)وَبَرًّا بِوَالِدَيْهِ وَلَمْ يَكُنْ جَبَّارًا عَصِيًّا (14) وَسَلَامٌ عَلَيْهِ يَوْمَ وُلِدَ وَيَوْمَ يَمُوتُ وَيَوْمَ يُبْعَثُ حَيًّا(15)) (سورة مريم ١٢-١٥)

التفسير:

لقد ولد يحيى وترعرع وصار صبيا، في الفجوة التي تركها السياق بين المشهدين، على طريقة القرآن في عرضه الفني للقصص وليبرز أهم الحلقات والمشاهد، وأشدها حيوية وحركة.

وهو يبدأ بهذا النداء العلوي ليحيى قبل أن يتحدث عنه بكلمة، لأن مشهد النداء مشهد رائع عظيم يدل على مكانة يحيى، وعلى استجابة الله لزكريا عليه السلام، وأن يجعل له في ذريته وليا يحسن الخلافة بعده في العقيدة وفي العشيرة.

فها هو ذا أول موقف ليحيى هو موقف انتدابه ليحمل الأمانة الكبرى ((يا يحيى خذ الكتاب بقوة)) والكتاب هو التوراة كتاب بني اسرائيل من بعد موسى، وعليه كان يقوم انبياؤهم يعلمون به ويحكمون وقد ورث يحيى أباه زكريا ونودي ليحمل العبء وينهض بالأمانة في قوة وعزم لا يضعف ولا يتهاون ولا يتراجع عن تكاليف الوراثة.

وبعد النداء يكشف السياق بما زود به يحيى لينهض بالتبعة الكبرى، (وَآتَيْنَاهُ الْحُكْمَ صَبِيًّا (12) وَحَنَانًا مِنْ لَدُنَّا وَزَكَاةً وَكَانَ تَقِيًّا)أتاه

الحكم صبيا، فهذه هي المؤهلات التي زوده الـلـه بها وأعده وأعانه على احتمال ما كلفه اياه عندما ناداه.

أتاه الحكم صبيا، فكان فذاً في نداءه كما كان فذاً في اسمه وفي ميلاده، فالحكمة تأتي متأخرة، ولكن يحيى قد زود بها صبياً.

وآتاه الحنان هبة لدينه لا يتكلفه ولا يتعلمه، وانما هو مطبوع عليه، والحنان صفة ضرورية للنبي المكلّف رعاية القلوب والنفوس، وتألفها واجتذابها الى الخير في رفق.

وأته الطهارة والعفة ونظافة القلب والطبع، يواجه به أدران القلوب، ودنس النفوس، فيطهرها ويزكيها ((وكان تقيا)) موصولا بالله متحرجا معه، مراقبا له، يخشاه ويستشعر رقابته عليه في سره ونجواه.

ذلك هو الزاد الذي أتاه الـلـه يحيى في صباه، ليخلف أباه وكما توجه الى ربه ونداه خفيا فيستجاب له ربه ووهب له غلاما زكيا.

وهنا برزت العبرة من دعاء زكريا واستجابة ربه له، وفي نداء يحيى ما زوده الـلـه به ولم يعد في تفصيلات القصة بعد ذلك ما يزيد شيئا من عبرتها ومغزاها.

ثم تأتي قصة ميلاد سيدنا عيسى عليه السلام، فان حادث ولادة عيسى ابن مريم كان أعجب ما شهدته البشرية في تاريخها كله، شاءت الحكمة الإلهية أن تبرز العجيبة الثابتة في مولد عيسى من غير أب، على غير السنة التي جرت منذ وجد الإنسان على هذه الأرض.

ونظراً لغرابة الحدث وضخامته فقد عزّ على فرق من الناس أن تتصوره على طبيعته وأن تدرك الحكمة في ابرازه، فجعلت تضفي على عيسى ابن مريم عليه السلام صفات الألوهية وتصوغ حول مولده الخرافات والأساطير وتعكس الحكمة من خلقه على هذا النحو العجيب، وهي اثبات القدرة الإلهية التي تتقيد تعكسها فتشوه عقيدة التوحيد.

خلاصة الآية

أن الله وصف يحيى بأوصاف سابقة من العلم والفهم والجد والعزم والإقبال على الخير وهو حدث صغير، ووصفه أيضا بأنه كان مطيعا لوالديه وبارا بهما، ومجانباً عقوقهما قولاً وفعلاً، أمراً ونهياً.

والأوصاف التي امتاز بها يحيى عليه السلام

١. تعلّم الكتاب بحكمة وجد واجتهاد .

٢. الفهم والعلم .

٣. اللجد والعزم والإقبال على الخير.

قال تعالى عن سيدنا نوح عليه السلام : (وَقَالَ نُوحٌ رَبِّ لَا تَذَرْ عَلَى الْأَرْضِ مِنَ الْكَافِرِينَ دَيَّارًا(26) إِنَّكَ إِنْ تَذَرْهُمْ يُضِلُّوا عِبَادَكَ وَلَا يَلِدُوا إِلَّا فَاجِرًا كَفَّارًا (27)رَبِّ اغْفِرْ لِي وَلِوَالِدَيَّ وَلِمَنْ دَخَلَ بَيْتِيَ مُؤْمِنًا وَلِلْمُؤْمِنِينَ وَالْمُؤْمِنَاتِ وَلَا تَزِدِ الظَّالِمِينَ إِلَّا تَبَارًا (28)) (نوح ٢٦_٢٨)

التفسير

دعاء نوح النبي لربه أن يغفر له، هو الأدب النبوي الكريم في حضرة الله العلي العظيم، أدب العبد في حضرة الرب، العبد الذي لا ينسَ أنه بشر، وأنه يخطىء، وأنه يقصر مهما يطيع ويعبد، وأنه لا يدخل الجنة بعمله، ألا أن يتغمده الله بفضله، كما قال أخوه النبي الكريم محمد صلى الله عليه وسلم، وهذا هو الاستغفار الذي دعا قومه العصاة الخاطئين اليه فاستكبروا عليه، وهو النبي يستغفر بعد كل هذا الجهد، كل هذا العناء، يستغفر وهو يقدم لربه سجل الحساب.

ودعاؤه لوالديه، هو بر الأبناء بالوالدين المؤمنين، كما نفهم من هذا الدعاء، ولو لم يكونا مؤمنين لروجع فيهما كما روجع في شأن ولده الكافر الذي أغرق مع المغرقين، ودعاؤه الخاص لمن دخل بيته مؤمناً، وهو بر المؤمن بالمؤمن، وحب الخير

لأهله كما يحبه لنفسه، وتخصيص الذي يدخل بيته مؤمناً، لأن هذه كانت علامة النجاة، وحصر المؤمنين الذين سيصحبهم معه في السفينة.

ودعاؤه العام بعد ذلك للمؤمنين والمؤمنات، وهو بر المؤمن بالمؤمن كافة في كل زمان ومكان، وشعوره بأصرة القربى على مدار الزمن واختلاف السكن، وهو السر العجيب في هذه العقيدة التي تربط بين أصحابها برباط الحب الوثيق، والشوق العميق على تباعد الزمن والمكان، السر الذي أودعه هذه القلوب المربوطة برباط العقيدة.

وفي مقابل هذا الحب للمؤمنين، كان الكره للظالمين. (وَلَا تَزِدِ الظَّالِمِينَ إِلَّا تَبَارًا)

خلاصة الآيات

أ- دعوة نوح على الظالمين.

١. أن لا يترك على وجه الأرض من الكافرين أحدا.

٢. ولا حتى من يسكن الديار.

٣. اذا أبقيت منهم أحدا ضلوا عبادك، أي الذين تخلفهم بعدهم.

٤. ادعوك ربي أن تهلكهم هلاكا وخسارة في الدينا والآخرة.

ب- ودعاؤه للوالدين والمؤمنين.

قال تعالى عن سيدنا سليمان عليه السلام: (حَتَّى إِذَا أَتَوْا عَلَى وَادِ النَّمْلِ قَالَتْ نَمْلَةٌ يَا أَيُّهَا النَّمْلُ ادْخُلُوا مَسَاكِنَكُمْ لَا يَحْطِمَنَّكُمْ سُلَيْمَانُ وَجُنُودُهُ وَهُمْ لَا يَشْعُرُونَ (18) فَتَبَسَّمَ ضَاحِكًا مِنْ قَوْلِهَا وَقَالَ رَبِّ أَوْزِعْنِي أَنْ أَشْكُرَ نِعْمَتَكَ الَّتِي أَنْعَمْتَ عَلَيَّ وَعَلَى وَالِدَيَّ وَأَنْ أَعْمَلَ صَالِحًا تَرْضَاهُ وَأَدْخِلْنِي بِرَحْمَتِكَ فِي عِبَادِكَ الصَّالِحِينَ(19)) (النمل ١٨_١٩))

التفسير

لقد سار الموكب، موكب سليمان عليه السلام من الجن والانس والطير، في ترتيب ونظام، ويجمع آخره على أوله، وتضم صفوفه وتلاءم خطاه، حتى اذا أتوا على واد كثير النمل قالت نملة لها صفة الإشراف والتنظيم على النمل السارح في الوادي، ومملكة النمل دقيقة ومنظمة تتنوع فيها الوظائف، وتؤدى كلها بنظام عجيب، يعجز البشر غالبا عن اتباع مثله، على ما أتوا من عقل راق وادراك عال، قالت هذه النملة للنمل، وبالوسيلة التي تتفاهم معها أمة النمل وباللغة المتعارفة بينها، قالت للنمل: ادخلوا مساكنكم، كي لا يحطمنكم سليمان وجنوده وهم لا يشعرون بكم.

فأدرك سليمان ما قالت النمل وهش له وانشرح صدره بإدراك ما قالت

وبمضمون ما قالت، هش لما قالت كما يهش الكبير للصغير الذي يحاول النجاة، فهي نعمة الـلـه عليه تصله بهذه العوالم المحجوبة المعزولة عن الناس لاستغلاق التفاهم بينها وقيام الحواجز، انشرح صدره له لأنه عجيبة من العجائب أن يكون للنملة هذا الإدراك. (وَقَالَ رَبِّ أَوْزِعْنِي أَنْ أَشْكُرَ نِعْمَتَكَ الَّتِي أَنْعَمْتَ عَلَيَّ وَعَلَى وَالِدَيَّ)

(رب) بهذا النداء القريب المباشر المتصل ((أوزعني)) اجمعني كلي، أجمع جوارحي ومشاعري ولساني وخواطري وتوجهاتي وطاقاتي كلها، أولها وآخرها، لتكون كلها في شكر نعمتك علي وعلى والديَ.

وهذا التعبير يشير إلى نعمة الـلـه التي مست قلب سليمان عليه السلام، وفي تلك اللحظة يصور نوع تأثره وقوة توجهه، وارتعاشه وجدانه، وهو يستشعر فضل الـلـه عليه ويتمثل يد الـلـه عليه وعلى والديه، ويحس مس النعمة والرحمة في ابتهال وارتياع أن العمل الصالح هو كذلك فضل من الـلـه يوفق اليه من يشكر نعمته، وسليمان الشاكر الذي يستعين ربه ليجمعه ويقفه على شكر نعمته، ويستعين ربه كذلك ليوفقه الى عمل صالح يرضاه، وهو يشعر أن العمل الصالح توفيق ونعمة أخرى من الـلـه.

ويطلب من الـلـه أن يدخله في رحمته في عباد الـلـه الصالحين، وتتدارك العبد فتوفقه الى العمل الصالح، فيسلك في عداد الصالحين، فيضرع الى ربه أن يكون من المرحومين يضرع الى ربه خائفاً أن يقصر به عمله، وأن يقصر به شكره، وكذلك

تكون الحساسية المرهفة بتقوى الله وخشيته والتشوّق الى رضاه ورحمته في اللحظة التي تتولى فيها نعمته كما تجلّت والنملة تقول وسليمان يدرك عنها ما تقول بتعليم الله له وفضله عليه.

خلاصة الآية

أي ألهمني ان أشكر نعمتك التي مننت عليّ من تعليمي منطق الطير والحيوان، وعلى والديَ بالاسلام لك والايمان بك.

بر الوالدين في الأحاديث النبوية الشريفة

_عن أبي عبد الرحمن عبد الله بن مسعود رضي الله عنه قال: سألت النبي صلى الله عليه وسلم: ((أي العمل أحب إل الله تعالى ؟ قال ((الصلاة على وقتها)) قلت ثم أي ؟ قال ((بر الوالدين)) قلت ثم أي ؟ قال ((الجهاد في سبيل الله)) متفق عليه.

_عن أبي هريرة رضي الله عنه قال. قال رسول الله صلى الله عليه وسلم ((لا يجزى ولد والداً إلا أن يجده مملوكا فيشتريه فيعتقه)) رواه مسلم.

_عن أبي هريرة رضي الله عنه قال. أن رسول الله صلى الله عليه وسلم قال: ((من كان يؤمن بالله وباليوم الآخر فليكرم ضيفه، ومن كان يؤمن بالله وباليوم الآخر فليصل رحمه، ومن كان يؤمن بالله وباليوم الآخر فليقل خيراً أو ليصمت)) متفق عليه.

وعن أبي هريرة رضي الـلـه عنه قال: قال رسول الـلـه صلى الـلـه عليه وسلم ((إن الـلـه تعالى خلق الخلق حتى اذا فرغ منهم قامت الرحم. فقالت: هذا مقام العائذ بك من القطيعة، قال: نعم أما ترضين أن أصل من وصلك وأقطع من قطعك ؟ قالت ((بلى)) فقال فذلك، ثم قال رسول الـلـه صلى الـلـه عليه وسلم: اقرؤا ان (شئتم فَهَلْ عَسَيْتُمْ إِنْ تَوَلَّيْتُمْ أَنْ تُفْسِدُوا فِي الْأَرْضِ وَتُقَطِّعُوا أَرْحَامَكُمْ (22) أُولَئِكَ الَّذِينَ لَعَنَهُمُ اللَّهُ فَأَصَمَّهُمْ وَأَعْمَى أَبْصَارَهُمْ(23)).

_عن أبي هريرة رضي الـلـه عنه قال: جاء رجل الى رسول الـلـه صلى الـلـه عليه وسلم فقال: يا رسول الـلـه من أحق الناس بحسن صحابتي ؟ قال: ((أمك)) قال: ثم من ؟ قال: ((أمك)) قال: ثم من، قال: ((أمك)) قال:ثم من قال: ((أبوك)) متفق عليه.

_وعن أبي هريرة رضي الـلـه عنه قال: قال رسول الـلـه صلى الـلـه عليه وسلم: (**رغم أنف ثم رغم أنف ثم رغم أنف من أدرك أبويه عند الكبر أحدهما أو كلاهما فلم يدخل الجنة**) رواه مسلم.

_عن أبي هريرة رضي الـلـه عنه أن رجلا قال يا رسول الـلـه: إن لي قرابة أصلهم ويقطعوني وأحسن اليهم ويسيئون إلي، وأحلم عنهم ويجهلون علي، فقال: لئن كنت كما قلت فكأنما تسفهم المل، ولا يزال معك من الـلـه ظهير عليهم ما دمت على ذلك) رواه مسلم.

_عن أنس رضي اللـه عنه أن رسول اللـه صلى اللـه عليه وسلم قال: ((من أحب أن يبسط له في رزقه وينسأ له في أثره فليصل رحمه)) متفق عليه.

_كان أبو طلحة أكثر الأنصار بالمدينة مالا من نخل وكان أحب أمواله اليه بيرحاء وكانت مستقبلة المسجد وكان رسول اللـه صلى اللـه عليه وسلم يدخلها ويشرب من ماء فيها طيب فلما نزلت هذه الاية (لن تنالوا البر حتى تنفقوا مما تحبون) قام ابو طلحة الى رسول اللـه صلى اللـه عليه وسلم فقال: يا رسول اللـه ان اللـه تبارك يقول (لن تنالوا البر حتى تنفقوا مما تحبون) وإن أحب مالي إلي بيرحاء وإنها صدقه لله تعالى ارجو برها وذخرها عند اللـه تعالى نضعها يارسول اللـه حيث اراك اللـه،فقال رسول اللـه صلى اللـه عليه وسلم (بخ ذلك مال رابح، ذلك مال رابح.وقد سمعت ما قلت وإني ارى أن تجعلها في الأقربين) فقال ابو طلحه:أفعل يارسول،فقسمها ابو طلحه في اقاربه وبني عمه)متفق عليه.

_عن عبدالله بن عمرو بن العاص رضي الـلـه عنهما قال (أقبل رجل الى نبي الـلـه صلى الـلـه عليه وسلم فقال:أبايعك على الهجرة،والجهاد ابتغى الأجر من الـلـه تعالى فقال (هل لك من والديك احد حي)؟

قال:نعم بل كلاهما قال: (فتبتغي الأجر من عند الـلـه)قال:نعم، قال: (فأرجع إلى والديك فأحسن صحبتها)متفق عليه .

_وعن عبدالله بن عمرو بن العاص عن النبي صلى الـلـه عليه وسلم قال(ليس الواصل بالمكافىء ولكن الواصل الذي إذا قطعت رحمه وصلها).

-عن عائشه رضي الـلـه عنها قالت:قال رسول صلى الـلـه عليه وسلم (الرحم معلقة بالعرش تقول:من وصلني وصله الـلـه ومن قطعني قطعه الـلـه)متفق عليه .

- عن ام المؤمنين ميمونه بنت الحارث رضي الـلـه عنها إنها اعتقت وليده ولم تستأذن النبي صلى الـلـه عليه وسلم فلما كان يومها الذي يدور عليها فيه قالت:أشعرت يا رسول الـلـه أني اعتقت وليدتي قال (أو فعلت.قالت: نعم قال (اما انك لو اعطيتها أخوالك كان اعظم لأجرك) متفق عليه.

-عن اسماء بنت ابي بكر الصديق رضي الـلـه عنهما قالت:قدمت على امي وهي مشركة في عهد رسول الـلـه صلى الـلـه عليه وسلم فأستفتيت زسول الـلـه صلى الـلـه عليه وسلم قلت:قدمت على أمي وهي راغبه أفأصل أمي ؟قال (نعم صل امك)متفق عليه.

-عن ابي سفيان صخر بن حرب رضي الـلـه عنه في حديثه الطويل في قصه هرقل، أن هرقل قال لأبي سفيان فماذا يأمركم به ؟ يعني النبي صلى الـلـه عليه وسلم قال:قلت:يقول (اعبدو الـلـه وحده ولا تشركو به شيئاً وأتركوا ما يقول آباؤكم ويأمرنا بالصلاه والصدق والعفاف والصلة) متفق عليه.

-عن ابي ذر رضي الـلـه عنه قال:رسول الـلـه صلى الـلـه عليه وسلم: (إنكم ستفتحون ارضاً يذكر فيها القراط (وفي روايه) ستفتحون مصر وهي أرض يسمى فيها القراط فاستوصوا بأهلها خيراً فإن لهم ذمة ورحمة) رواه مسلم.

- وعن أبي ايوب خالد بن زيد الانصاري رضي الـلـه عنه، أن رجلآ قال: يا رسول الـلـه اخبرني بعمل يدخلني الجنه ويباعدني من النار، فقال النبي صلى الـلـه عليه وسلم: تعبد الـلـه ولا تشرك به شيئاً وتقيم الصلاه وتؤتي الزكاه وتصل الرحم).

-عن أبي الدرداء رضي الـلـه عنه أن رجلاً أتاه فقال:إن لي امرأه وإن امي تأمرني بطلاقها، فقال: سمعت رسول الـلـه صلى الـلـه عليه وسلم يقول: (الوالد أوسط أبواب الجنه فإن شئت فأضع ذلك الباب أو احفظه) رواه الترمذي.

-عن سلمان بن عامر رضي الـلـه عته عن النبي صلى الـلـه عليه وسلم. قال:إذا أفطر احدكم فليفطر على تمر فإنه بركه.فإن لم يجد تمراً فالماء فإنه طهور وقال:الصدقه على المسلمين صدقه وعلى ذي الرحم ثنتان صدقه وصله) رواه الترمذي

-عن ابن عمر رضي الـلـه عنهما. قال:كانت تحبني امرأه وكنت أحبها وكان عمر يكرهها فقال لي:طلقها فأبيت فأتى عمر رضي الـلـه عنه النبي صلى الـلـه عليه وسلم فذكر ذلك له فقال النبي: صلى الـلـه عليه وسلم (طلقها) رواه ابو داود والترمذي.

بر الوالدين من الأعمال الصالحة التي يدعوا الإنسان بها

عن عبد الله بن عمر رضي الله عنهما أن رسول الله صلى الله عليه
وسلم قال: بينما ثلاثه نفر يمشون أخذهم المطر، فآووا إلى غار في جبل، فانحطت على
فم غارهم صخره من الجبل فانطبقت عليهم، فقال بعضهم لبعض: انظروا أعمالاً
عملتموها صالحه لله، فادعوا بها لعله يفرجها عنكم همكم.

اللهم إنه كان لي والدان شيخان كبيران وامرأتي، ولي صبيه صغار أرعى عليهم
فإذا أرحت عليهم حلبت،فبدأت بوالدي فسقيتهما قبل بني، وأني نأى بي ذات يوم
الشجر، فلم آت حتى امسيت، فوجدتهما قد ناما، فحلبت كما كنت أحلب، فجئت
بالحلاب، فقمت عند رؤوسها،أكره أن أوقظهما من نومهما، وأكره أن اسقي الصبية
قبلهما، والصبية يتضاغون عند قدمي، فلم يزل ذلك دأبي ودأبهم حتى طلع
الفجر،فإن كنت تعلم أني فعلت ذلك ابتغاء وجهك ففرج لنا فرجةً نرى منها السماء
ففرج الله منها فرجه فرأوا منها السماء.

وقال الآخر: اللهم إني كانت لي ابنة عم أحببتها كأشد ما يحب الرجال
النساء، وطلبت اليها نفسها فأبت حتى أتيها بمائة دينار، فتعبت حتى جمعت

مائة دينار، فجئتها بها فلما وقعت بين رجليها، قالت: يا عبد الله اتق الله ولا تفتح الخاتم إلا بحقه، فقمت عنها، فإن كنت تعلم إني فعلت ذلك ابتغاء وجهك فافرج لنا منه فرجة، ففرج لهم فرجة.

وقال الآخر: اللهم اني كنت استأجرت أجيراً بفرق أرز فلما قضى عمله، قال لي: أعطني حقي، فعرضت عليه فرقه، فرغب عنه، فلم أزل أزرعه حتى جمعت منه بقراً ورعاءها، فجاءني فقال: اتق الله ولا تظلمني حقي، قلت: أذهب الى تلك البقر ورعائها فخذها، فقال: اتق الله ولا تستهزيء بي، فقلت: اني لا استهزيء بك، خذ ذلك البقر ورعاءها، فأخذه وذهب بي، فان كنت تعلم أني فعلت ذلك ابتغاء وجهك، فافرج مابقي ففرج الله ما بقي.

رواه البخاري ومسلم / صحيح الترغيب والترهيب

معاني المفردات
١. غار: بيت منقور في الجبل
٢. انحطت: نزلت
٣. يفرجها: يزيلها ويوسعها
٤. نأى: بعد
٥. فلم آت: فلم أرجع
٦. يتضاغون: يبكون جوعا
٧. فرق: مكيال بالمدينة يسع ثلاثة آصع

ـ عن عبد الله بن مسعود رضي الله عنه قال: سألت رسول الله صلى الله عليه وسلم، أي العمل أحب الى الله ؟ قال الصلاة على وقتها. قلت ثم أي ؟ قال: بر الوالدين. قلت ثم أي ؟ قال: الجهاد في سبيل الله.

رضى الله من رضى الوالدين وسخطه في سخطهما

١ _ عن عبد الله بن عمرو بن العاص رضي الله عنهما أن رسول الله صلى الله عليه وسلم قال: ((رضا الله في رضا الوالد، وسخط الرب في سخط الوالد)). صحيح الجامع (٣٥٠٠)

المفردات
- الوالد: يشمل الأم والأب و لأن كل منهما قد شارك في ايجاد الولد باذن الله ويفسره الحديث الذي بعده ((رضا الله في رضا الوالدين))
- عن عبد الله بن عمرو بن العاص رضي الله عنهما ان رسول الله صل الله عليه وسلم قال: ((رضا الرب في رضا الوالدين، وسخطه في سخطهما)) صحيح الجامع (٣٥٠١)

عن أبي هريرة رضي الله عنه ان رسول الله صلى الله عليه وسلم قال: (رضا الرب تبارك وتعالى في رضا الوالدين، وسخط الله تبارك وتعالى في سخط الوالدين)

صحيح الترغيب والترهيب

رضى الوالدين مقدم على رضا الزوجة

١ـ عن ابن عمر رضي الله عنهما قال: كان تحتي امرأة أحبها، وكان عمر يكرهها فقال لي: طلقها فأبيت، فأتى رسول الله صلى الله عيله وسلم، فذكر ذلك له، فقال لي رسول الله صلى الله عليه وسلم: طلقها.

(صحيح الترغيب والترهيب)

٢ـ وعن ابي الدرداء رضي الله عنه أنَّ رجلاً اتاه فقال: ان لي امرأة، وان أمي تأمرني بطلاقها، فقال: سمعت رسول الله صلى الله عليه وسلم، يقول: الوالد أوسط أبواب الجنة، فان شئت فأضع هذا الباب أو أحفظه.

(صحيح الترغيب والترهيب)

المفردات
ـ أوسطها: أي أعدلها وأكثرها خيراً.
ـ أضع: أي اترك هذا الباب أو احفظه.
ـ احفظه: أي في برهما حفظ هذا الباب.

٣_ورواه ابن حبان في صحيحه ولفظه: أنَّ رجلاً أتى أبا الدرداء، فقال أن أبي لم يزل بي حتى زوجني، وأنه الآن يأمرني بطلاقها، قال: ما أنا بالذي آمرك أن تعق والديك، ولا بالذي آمرك أن تطلق امرأتك غير أنك ان شئت حدثتك بما سمعت من رسول اللـه صلى اللـه عليه وسلم، سمعته يقول ((الوالد أوسط أبواب الجنة، فحافظ على ذلك الباب ان شئت أو دع))

(صحيح الترغيب والترهيب)

المفردات

١_ دع: اترك وتجنب هذا الباب أو حافظ عليه.

٤_ عن معاذ بن جبل رضي اللـه عنه، قال: أوصاني رسول اللـه صلى اللـه عليه وسلم بعشر كلمات قال (لا تشرك باللـه شيئا وان قتلت وحرقت ولا تعقن والديك وان أمراك ان تخرج من أهلك ومالك))

(صحيح الترغيب والترهيب)

المفردات

١_ قتلت: أي لا ترجع من عقيدتك موحداً اللـه جل وعلا ولو أصابك قتل.

٢_ اهلك: أي أنهاك عن قطيعة والديك وطعهما وبرهما وأجب طلبهما حتى وإن أرادوا أن تتجنب أعز أعزائك.

بين منزلة حق الوالدين والجهاد في سبيل الـلـه

١_ عن عبد الـلـه بن عمرو بن العاص رضي الـلـه عنهما قال: ((اقبل رجل الى نبي الـلـه صلى الـلـه عليه وسلم، فقال: أبايعك على الهجرة والجهاد، أبتغي الأجر من الـلـه عز وجل. قال: ((فهل من والديك أحد حي)) ؟ قال: نعم، بل كلاهما. قال ((فتبتغي الأجر من الـلـه عز وجل)) ؟ قال: نعم، قال ((فارجع الى والديك فاحسن صحبتهما)) .

مختصر صحيح مسلم ((١٧٥٦))

٢_ وفي رواية أخرى عن عبد الـلـه بن عمرو بن العاص رضي الـلـه عنهما، قال: جاء رجل الى نبي الـلـه صلى الـلـه عليه وسلم، فاستأذنه في الجهاد، فقال: أحيَ والداك ؟ قال: نعم، قال: ففيهما جاهد.

رواه البخاري ومسلم / صحيح الترغيب والترهيب

٣_ عن عبد اللـه بن عمرو بن العاص رضي اللـه عنهما قال: جاء رجل الى رسول اللـه صلى اللـه عليه وسلم فقال: جئت أبايعك على الهجرة، وتركت أبويَ يبكيان، فقال: ارجع اليهما فاضحكهما كما أبكيتهما.

رواه أبو داوود / صحيح الترغيب والترهيب

٤_ وعن ابي هريره رضي اللـه عنه قال: جاء رجل الى النبي صلى اللـه عليه وسلم، ليستأذنه في الجهاد فقال: أحي والداك ؟ قال نعم، قال: ففيهما فجاهد.

رواه مسلم وأبو داوود / صحيح الترغيب والترهيب

٥_ وعن طلحة بن معاوية السلمي رضي اللـه عنه: قال: أتيت النبي صلى اللـه عليه وسلم فقلت: يا رسول اللـه أريد الجهاد في سبيل اللـه؟ قال: أمك حية ؟ قلت: نعم، قال النبي صلى اللـه عليه وسلم الزم رجلها فثمّ الجنة.

صحيح الترغيب والترهيب

المفردات

١_ الزم رجلها: اخضع لها واقترب منها ورعها واخدمها، فهناك الجنة بسبب رضاها تحظى بنعم اللـه.

٦_ وعن معاوية بن جاهمة، أن جاهمة جاء الى النبي صلى الـلـه عليه وسلم، فقال: يا رسول الـلـه أردت أن أغزو، وقد جئت استشيرك ؟ فقال: هل لك من أم ؟ قال: نعم، قال: فالزمها، فان الجنة عند رجلها.

صحيح الترغيب والترهيب

كناية عن شدة اكـرامها ورضـاها والتذلل طـاعة لهـا، قال تعالى (وَاخْفِضْ لَهُمَا جَنَاحَ الذُّلِّ مِنَ الرَّحْمَةِ وَقُلْ رَبِّ ارْحَمْهُمَا كَمَا رَبَّيَانِي صَغِيرًا(2))

٧_ وعن معاوية بن جاهمة أيضا بلفظ:

((أتيت النبي صلى الـلـه عليه وسلم استشيره في الجهاد. فقال النبي صلى الـلـه عليه وسلم. ألك والدان ؟ قلت نعم. قال الزمهما، فان الجنة تحت أرجلهما))

صحيح الترغيب والترهيب

٨_ وعن أبي سعيد رضي الـلـه عنه؟ ((أن رجلا هاجر الى رسول الـلـه صلى الـلـه عليه وسلم من اليمن، فقال: هل لك احد باليمن ؟ قال: أبواي، قال:

أذنا لك؟ قال: لا، قال: ارجع اليهما فاستأذنهما، فإن أذنا لك فجاهد، وإلا فبرهما)) صحيح الجامع (٩٠٥)

تقديم بر الوالدة على الوالد

١ـ عن ابي هريرة رضي اللـه عنه قال: جاء رجل الى رسول اللـه صلى اللـه عليه وسلم،، فقال: يا رسول اللـه من أحق الناس بحسن صحابتي؟ قال: أمك، قال: ثم من؟ قال: أمك، قال: ثم من؟ قال: أمك، قال: ثم من؟ قال: أبوك.

رواه البخاري ومسلم / صحيح الترغيب والترهيب

المعنى:

مقتضاه أن يكون للأم ثلاثة أمثال ما للأب من البر، وكان ذلك لصعوبة الحمل، ثم الوضع، ثم الرضاع، فهذه تنفرد بها الأم وتشقى بها و ثم تشارك الأب في التربية وقد وقعت الاشارة الى ذلك في قوله تعالى وَوَصَّيْنَا الْإِنْسَانَ بِوَالِدَيْهِ حُسْنًا وَإِنْ جَاهَدَاكَ لِتُشْرِكَ بِي مَا لَيْسَ لَكَ بِهِ عِلْمٌ فَلَا تُطِعْهُمَا إِلَيَّ مَرْجِعُكُمْ فَأُنَبِّئُكُمْ بِمَا كُنْتُمْ تَعْمَلُونَ (8)

٢_ وعن ابي هريرة رضي الله عنه أن رسول الله صلى الله عليه وسلم، قال: ((أمك، ثم أمك، ثم أمك، ثم أباك، ثم الأقرب، فالأقرب))

صحيح الجامع (١٣٩٥)

٣_ وبرواية أخرى ((أمك، وأباك، وأختك، وأخاك، وأدناك أدناك))

صحيح الجامع (١٣٩٦)

٤_ وعن المقدام أن رسول الله صلى الله عليه وسلم، قال: ((إن الله يوصيكم بأمهاتكم (ثلاثا)، إن الله تعالى يوصيكم بآبائكم (مرتين) إن الله تعالى يوصيكم بالأقرب فالأقرب))

صحيح الجامع (١٩٢٠)

دعوات الوالدين مستجابة

١_ عن أبي هريرة رضي الله عنه أن رسول الله صل الله عليه وسلم قال: ((ثلاث دعوات مستجابات، لا شك فيهن: دعوة الوالد على ولده، ودعوة المسافر ودعوة المظلوم)).

صحيح الجامع (٣٠٢٨)

٢_ وعن أنس رضي الله عنه، أن رسول الله صلى الله عليه وسلم قال: ((ثلاث دعوات لا ترد، دعوة الوالد لولده، ودعوة الصائم، ودعوة المسافر))

صحيح الجامع (٣٠٢٩)

٣_ وعن أبي هريرة رضي الله عنه أن رسول الله صلى الله عليه وسلم قال: ((ثلاث دعوات يستجاب لهن دون شك فيهن، دعوة المظلوم، ودعوة المسافر، ودعوة الوالد لولده))

صحيح الجامع (٣٠٣٠)

بر الوالدين بعد موتهما

١_ عن عبد الله بن عمر رضي الله عنهما: أنه كان إذا خرج الى مكة كان له حمار يتراوح عليه إذا ملَّ ركوب الراحلة، وعمامة يشد بها رأسه، فبينما هو يوما على ذلك الحمار، إذا مر به أعرابي فقال، ألست ابن فلان بن فلان ؟ قال: بلى، فأعطاه الحمار وقال: اركب هذا، والعمامة، قال: اشدد بها رأسك، فقال له بعض الصحابة: غفر الله لك، أعطيت هذا الأعرابي حماراً كنت تروح عليه، وعمامة كنت تشد بها رأسك ؟ فقال: اني سمعت رسول الله صلى الله عليه وسلم يقول ((إن من أبر البر صلة الرجل أهل ودِّ أبيه بعد أن يولي وإن أباه كان صديقاً لعمر رضي الله عنهم. صحيح مسلم، (١٧٥٩)

المفردات :
١_ يتروح: يركب على الراحلة مرة وعلى الحمار مرة أخرى.
٢_ ودَّ أبيه: أي أصحاب أبيه الذين يودهم ويحبهم ويعاملهم.

٢_ عن أبي بردة قال: قدمت المدينة فأتاني عبد الله بن عمر فقال: أتدري لم أتيتك؟ قال: قلت: لا، قال سمعت رسول الله صلى الله عليه وسلم يقول: ((من أحب أن يصل أباه في قبره فليصل اخوان أبيه بعده)) وانه كان بين أبي عمر وبين أبيك إخاء وودّ فأحببت أن أصل ذلك.

صحيح الترغيب والترهيب.

المفردات

١_ يصل أباه: أي يقدم لأبيه صلة ورحمة.

٢_ إخوان أبيه: أي أصحاب أبيه.

٣_ وعن عبد الله بن عمر رضي الله عنهما أن رسول الله صلى الله عليه وسلم قال: ((من البر أن تصل صديق أبيك))

صحيح الجامع (٥٧٧٧)

الولد من كسب أبيه

١_ عن جابر بن عبد الله رضي الله عنه:((أن رجلاً قال: يا رسول الله إن لي مالاً وولداً، وإن أبي يريد أن يجتاح مالي، فقال رسول الله صلى الله عليه وسلم، أنت ومالك لأبيك))

صحيح الجامع (١٤٩٨)

٢_ عن عبد الله بن عمرو بن العاص رضي الله عنهما: ((أن أعرابيا أتى النبي صلى الله عليه وسلم فقال: إن لي مالاً وولداً، وإن والدي يريد أن يجتاح مالي، قال: أنت ومالك لوالدك، إن أولادكم من أطيب كسبكم، فكلوا من كسب أولادكم))

صحيح الجامع (١٤٩٩)

٣_ عن عائشة رضي الله عنها أن رسول الله صلى الله عليه وسلم قال: ((إن أطيب ما أكلتم من كسبكم وإن أولادك من كسبكم))

صحيح الجامع (١٥٦٢)

٤_ وعن عائشة أيضا رضي الله عنها بلفظ آخر: ((إن أطيب ما أكل الرجل من كسبه، وان ولده من كسبه))

إرواء الغليل (٨٣٨)

٥_ ورواية أخرى أيضا عن عائشة رضي الله عنها: ((ولد الرجل من كسبه، من أطيب كسبه، فكلوا من أموالهم))

صحيح الجامع (٦٩٩٦)

٦_ وعن عبد الله بن عمر رضي الله عنهما: ((أن رجلاً أتى النبي صلى الله عليه وسلم، فقال يا رسول الله والدي أكل مالي فقضى رسول الله صلى الله عليه وسلم: انت ومالك لأبيك)) .

إرواء الغليل (٨٣٨)

٧_ ورواية أخرى عن عبد الله بن عمر رضي الله عنهما، أن رسول الله صلى الله عليه وسلم قال ((الولد من كسب الوالد)) .

صحيح الجامع (٧٠٣٩)

وعن عبد الله بن عمرو رضي الله عنهما قال: جاء رجل إلى النبي صلى الله عليه وسلم يستعدي على والده، قال: إنه أخذ مالي، فقال رسول الله صلى الله عليه وسلم: أما علمت أنك ومالك من كسب أبيك؟!

سلسلة الأحاديث الصحيح (١٥٤٨)

من بر الوالدين الدعاء لهم ونصحهما وهدايتهما

١_ يقول اللـه سبحانه وتعالى على لسان سيدنا ابراهيم عليه الصلاة والسلام (وَاذْكُرْ فِي الْكِتَابِ إِبْرَاهِيمَ إِنَّهُ كَانَ صِدِّيقًا نَبِيًّا (41) إِذْ قَالَ لِأَبِيهِ يَا أَبَتِ لِمَ تَعْبُدُ مَا لَا يَسْمَعُ وَلَا يُبْصِرُ وَلَا يُغْنِي عَنْكَ شَيْئًا (42) يَا أَبَتِ إِنِّي قَدْ جَاءَنِي مِنَ الْعِلْمِ مَا لَمْ يَأْتِكَ فَاتَّبِعْنِي أَهْدِكَ صِرَاطًا سَوِيًّا (43) يَا أَبَتِ لَا تَعْبُدِ الشَّيْطَانَ إِنَّ الشَّيْطَانَ كَانَ لِلرَّحْمَنِ عَصِيًّا(44) يَا أَبَتِ إِنِّي أَخَافُ أَنْ يَمَسَّكَ عَذَابٌ مِنَ الرَّحْمَنِ فَتَكُونَ لِلشَّيْطَانِ وَلِيًّا(45)) (مريم ٤١-٤٥)

ما تحمله هذه الآيات من معانٍ:

١_لقد كان ابراهيم صديقاً نبيا مع أبيه فنهاه عن عبادة الأصنام وقال له: لم تعبد ما لا ينفعك ولا يدفع عنك ضرراً.

٢_ هداية الانسان الى الطريق المستقيم الموصل الى نيل المطلوب والنجاة من المرهوب.

٣_ لا تطع المشركين من الآباء وإن كان مستكبراً عن طاعة ربه، ولكن عليك بمصاحبته باللين والإحسان في الدنيا لقصرها.

٢_ وعن اسماء بنت أبي بكر رضي الـلـه عنهما قالت: ((قدمت على أمي، وهي مشركة في عهد رسول الـلـه صلى الـلـه عليه وسلم، فاستفتيت رسول الـلـه صلى الـلـه عليه وسلم، قلت: قدمت علي أمي وهي راغبة، أفأصل أمي؟ قال: نعم صلي أمك)).

صحيح الترغيب والترهيب

٣_ وفي رواية اخرى عن أسماء قالت: ((قدمت علي أمي راغبة في عهد قريب، وهي راغمة مشركة، فقلت يا رسول الـلـه إن أمي قدمت علي، وهي راغمة مشركة أفأصلها ؟ قال: نعم، صلي أمك.

صحيح الترغيب والترهيب.

المعاني: ١_ راغمة: أي كارهة للاسلام.

٤_ وعن أبي هريرة رضي الـلـه عنه قال: كنت أدعو أمي الى الاسلام، وهي مشركة، فدعوتها يوما فأسمعتني في رسول الـلـه صلى الـلـه عليه وسلم ما أكرهه، فأتيت رسول الـلـه صلى الـلـه عليه وسلم، وأنا أبكي، قلت: يا رسول الـلـه إني كنت أدعو أمي الى الاسلام، فتأبى علي، فدعوتها اليوم، فأسمعتني فيك ما أكرهه، فادع الـلـه أن يهدي أم أبي هريرة، فقال رسول الـلـه صلى الـلـه عليه وسلم، اللهم أهدي أم أبي

هريرة، فخرجت مستبشراً بدعوة نبي الله صلى الله عليه وسلم، فلما جئت فصرت الى الباب، فاذا هو مجاف، فسمعت أمي خشف قدمي، فقالت: مكانك يا أبا هريرة وسمعت خضخضة الماء، قال: فاغتسلت ولبست درعها، وعجلت مني خمارها، فتحت الباب، ثم قالت، يا أبا هريرة أشهد أن لا اله الا الله وأشهد أن محمداً عبده ورسوله، قال: قلت: يا رسول الله أبشر، قد استجاب الله دعوتك، وهدى أم أبي هريرة، فحمد الله وأثنى عليه، وقال خيراً، قال، قلت: يا رسول الله: ادعو الله أن يحببني أنا وأمي إلى عبادة المؤمنين ويحببهم الينا، قال فقال رسول الله صلى الله عليه وسلم: ((اللهم حبب عبدك هذا (يعني أبا هريرة) وأمه الى عبادك المؤمنين وحبب إليهم المؤمنين، فما خلق مؤمن يسمع بي ولا يراني الا أحبني)).
رواه مسلم /١٦٥

٥_وعن مصعب بن سعد عن أبيه رضي الله عنه: أنه نزلت فيه آيات من القرآن، فقال: حلفت أم سعد أن لا تكلمه أبدا حتى يكفر بدينه، ولا تأكل ولا تشرب، قالت زعمت ان الله أوصاك بوالديك فأنا أمك وأنا أمرك بهذا، قال مكثت ثلاثا، حتى غشي عليها من الجهد، فقام ابن لها يقال له عمارة فسقاها، فجعلت تدعو على سعد و فأنزل الله عز وجل من القرآن هـذه الآيـة (وَوَصَّيْنَا الْإِنسَانَ بِوَالِدَيْهِ حُسْنًا وَإِن جَاهَدَاكَ لِتُشْرِكَ بِي مَا لَيْسَ لَكَ بِهِ عِلْمٌ فَلَا تُطِعْهُمَا إِلَيَّ مَرْجِعُكُمْ فَأُنَبِّئُكُم بِمَا كُنتُمْ تَعْمَلُونَ(8))

مختصر صحيح مسلم (١٦٤٩)

دعاء بر الوالدين

الحمد لله الذي أمرنا بشكر الوالدين والاحسان اليهما، وحثنا على اغتنام برهما واصطناع المعروف لديهما، وندبنا الى خفض الجناح من الرحمة لها اعظاما واكباراً ووصانا بالترحّم عليهما كما ربيانا صغارا.

اللهم ارحم والدينا (ثلاثا) واغفر لهم، واللهم ارض عنهم رضا تحل به عليهم جوامع رضوانك، وتلهم به دار كرامتك، وأمانك، ومواطن عفوك وغفرانك، وتسبغ عنهم لطائف بركك وإحسانك.

اللهم اغفر لهم مغفرة جامعة تمحو بها سالف أوزارهم وسيىء اصرارهم، اللهم ارحمهم رحمة تنير لهم بها المضجع في قبورهم وتؤمنهم بها يوم الفزع عند نشورهم، اللهم تحنن على ضعفهم كما كانوا على ضعفنا متحنين، اللهم وارحم انقطاعهم اليك كما كانوا لنا في حال انقطاعنا إليهم راحمين، اللهم وتعطف عليهم كما كانوا علينا في حال صغرنا متعطفين، اللهم واحفظ لهم ذلك الود الذي اشربته قلوبهم، والحنان الذي ملأت به صدورهم، واللطف الذي شغلت به جوارحهم، اللهم وجازهم على ذلك السعي الذي كانوا فينا ساعين، والرعي الذي كانوا لنا راعين، أفضل ما جزيت به السعاة المصلحين والرعاه الناصحين.

اللهم وبرهم أضعاف ما كانوا يبرونا و اللهم وانظر لهم بعين الرحمة كما كان ينظروننا، اللهم وهب لهم ما ضيعوا من حق ربوبيتك بما اشتغلوا به في حق تربيتنا، اللهم وتجاوز عنهم ما قصروا فيه من حق خدمتك بما آثروا به في حق خدمتنا، اللهم وأعن عنهم ما ارتكبوا من الشبهات من أجل ما اكتسبوا من أجلنا، اللهم ولا تؤاخذهم بما دعتهم اليه الحمية من الهوى لما غلب على قلوبهم من محبتنا، اللهم والطف بهم في مضاجع البلى لطفا يزيد على لطفهم في أيام حياتهم بنا.

اللهم وما هديتنا له من الطاعات، ويسرته لنا من الحسنات ووفقتنا له من الدعوات، ووفقتنا له من القربات، فنسألك اللهم أن تجعل لهم منها حظا ونصيبا، وما اقترفنا من السيئات واكتسبناه من الخطيئات، وتحملناه من التبعات فلا تلحقهم منا بذلك حوباً، ولا تحمل عليهم من ذنوبنا ذنوبا.

اللهم وكما سررتهم بنا في الحياة فسرهم بنا بعد الوفاة، اللهم ولا تبلغهم من أخبارنا ما يسوؤهم ولا تحملهم من أوزارنا ما ينوؤهم، اللهم وسُرَّ ارواحهم بأعمالنا في ملتقى الأرواح، إذا سُرَّ أهل الصلاح بأبناء الصلاح.

اللهم وما تلونا من تلاوة فزكيها، وما صلينا من صلاة فتقبلها، وما تصدقنا من صدقة فنميها، وما عملنا من أعمال صالحة فرضيتها، فنسالك اللهم أن تجعل حظهم منها أكبر من حظوظنا، وقسمهم منها أجزل من أقسامنا و وسهمهم في ثوابنا منها أوفر من سهامنا، فإنك وصيتنا ببرهم، وندبتنا الى شكرهم وأنت أولى بالبر من البارين، وأحق بالوصل من المأمورين.

اللهم واجعلنا قرة أعين لهم يوم يقوم الأشهاد، اللهم واسمعهم من أطيب النداء يوم التناد، واجعلهم بنا من أغبط الآباء بالأولاد، حتى يجمعنا واياهم والمسلمين جميعا في دار كرامتك، ومستقر رحمتك، ومحل اوليائك مع الذين أنعمت عليهم من النبيين والصديقين والشهداء والصالحين، وحسن اولئك رفيقا ذلك فضل الله وكفى بالله عليما.

سبحان ربك رب العزة عما يصفون وسلام على المرسلين والحمد لله رب العالمين.

وصلى الله على سيدنا محمد النبي الامي وعلى آله وصحبه وسلم تسليماً كثيراً.

فضل الوالدين عظيم

١_ عن أبي هريرة رضي اللـه عنه قال: قال رسول اله صلى اللـه عليه وسلم: لا يجزي ولد والده الا أن يجده مملوكا فيشتريه فيعتقه))

مختصر صحيح مسلم (٨٩٢)

المفردات
١_ لا يجزي: أي لا يكافىء .
٢_ مملوكا: أي عبدا ملكه الغير.
٣_ يعتقه: يخرجه من الرق والعبودية للغير.

لعن الوالدين وشتمهما

١ـ عن عبد الـلـه بن عمرو بن العاص رضي الـلـه عنهما ان رسول الـلـه صلى الـلـه عليه وسلم قال: ((من الكبائر شتم الرجل والديه، قالوا يا رسول الـلـه وهل يشتم الرجل والديه ؟ قال: نعم يسب أبا الرجل فيسب أباه، ويسب أمه فيسب أمه))

صحيح الترغيب والترهيب

٢ـ وفي رواية اخرى ((ان من أكبر الكبائر أن يلعن الرجل والديه، قيل يا رسول الـلـه وكيف يلعن الرجل والديه ؟ قال: يسب أبا الرجل، فيسب أباه، ويسب أمه فيسب أمه))

صحيح الترغيب والترهيب.

٣ـ وعن عامر بن وائلة قال: كنت عند علي بن أبي طالب، فأتاه رجل فقال: ما كان النبي صلى الـلـه عليه وسلم يسرُّ اليك ؟ قال: فغضب، وقال: ما كان النبي صلى الـلـه عليه وسلم يسرُّ إلي شيئاً يكتمه الناس، غير أنه قد حدثني بكلمات

أربع، قال: فقال: وما هن يا أمير المؤمنين؟ قال: قال: ((لعن الله من لعن والده، ولعن الله من ذبح لغير الله، ولعن الله من آوى محدثاً، ولعن الله من غير منار الأرض)).

مختصر صحيح مسلم (١٢٦١)

المفردات:

١_ آوى محدثاً: أي مبتدعا، وأبواؤه الرضا عنه، وحمايته عن التعرّض له.

٢_ غير منار الأرض: أي نقل حدودها، وتغيير حدودها أن يدخلها في أرضه فيكون في معنى الغاصب لها.

عقوق الوالدين

١- عن المغيرة بن شعبه رضي الله عنه، عن الرسول صلى الله عليه وسلم قال:
((ان الله عزَّ وجَلَّ حرَّم عليكم عقوق الأمهات ووأد البنات، ومنعاً وهات،
وكره لكم ثلاثاً: قيل وقال، وكثرة السؤال، وإضاعة المال)).

مختصر صحيح مسلم(١٧٥٧)

معنى المفردات

١-عقوق الأمهات: أي عصيانهن، وعدم تأدية حقوقهن، والتسبب في غضبهن، والضن
في الإنفاق عليهن، وخص الأمهات لقبح آذاهن وشدة عقاب العاق لهن.

٢- وأد البنات: دفنهن احياء .

٣- منعاً وهات: أي منع ما أمر بإعطائه، وطلب الا يستحق أخذه.

٤- قيل و قال: أي كثرة الكلام بلا فائده والثرثره وإعادة الحديث واللغو.

٥- كثرة السؤال: أي في المسائل التي لا حاجة له اليها.

٦- إضاعة المال: أي إنفاق المال في غير وجوهه المأذون فيها شرعاً سواء كانت
دينيه دنيويه.

٢_ وعن عبد الله بن عمرو بن العاص رضي الله عنهما، أن رسول الله صلى الله عليه وسلم قال: ((إن الله لا يحب العقوق))

صحيح الجامع (١٨٤٥)

٣_ وعن أبي أمامة رضي الله عنه قال: قال رسول الله صلى الله عليه وسلم: ((ثلاثة لا يقبل الله عزّ وجل منهم صدقاً ولا عدلاً عاق، ولا منان، ومكذب بقدَر))

صحيح الترغيب والترهيب

٤_ عن أبي بكر رضي الله عنه قال: قال رسول الله صلى الله عليه وسلم: ((ألا أنبئكم بأكبر الكبائر ؟ قلت: بلى يا رسول الله. قال الإشراك بالله وعقوق الوالدين، وكان متكئاً فجلس، فقال: ألا وقول الزور، وشهادة الزور فما زال يكررها حتى قلنا: ليته سكت))

رواه البخاري ومسلم /صحيح الترغيب والترهيب

معنى المفردات

١- ألا أنبئكم: ألا أخبركم .

٢- الإشراك بالله: مطلق الكفر، وأن تجعل لغير الله رقيبا على عملك.

٣- ليته سكت: تمنينا أن يسكت إشفاقاً عليه، لما رأينا اثر انزعاجه في ذلك.

٢_ وعن عبد الـله بن عمرو بن العاص رضي الـله عنهما عن النبي صلى الـله عليه وسلم قال: ((الكبائر الاشراك بالله، وعقوق الوالدين و وقتل النفس، واليمين الغموس)) رواه البخاري /صحيح الترغيب والترهيب

معنى المفردات:

١_ اليمين الغموس: اليمين الكاذبة الفاجرة كالتي يقطع بها الحالف مال غيره، سميت غموس، لأنها تغمس صاحبها في الاثم ثم في النار.

٣_ وعن أنس رضي الـله عنه قال: ذكر رسول الـله صلى الـله عليه وسلم الكبائر فقال ((الشرك بالله، وعقوق الوالدين))

رواه البخاري ومسلم والترمذي /صحيح الترغيب والترهيب

٤_ وفي كتاب النبي صلى الـله عليه وسلم الذي كتب الى أهل اليمن وبعث به مع عمرو بن حزيم ((وإن الكبائر عند الـله يوم القيامة الاشراك بالله، وقتل النفس المؤمنة بغير الحق، والفرار في سبيل الـله يوم الزحف، وعقوق الوالدين، ورمي المحصنة وتعلم السحر، وأكل الربا، وأكل مال اليتيم) .

رواه ابن حبان في صحيحه /صحيح الترغيب والترهيب

معاني المفردات:

١ الفرار: الهروب في الجهاد، لنصرة دين الـله والخوف من محاربة الأعداء

٢ المحصنة: سب العفيفة المتزوجة الصالحة. .

٥_ عن أبي هريرة رضي الله عنه قال: قال رسول الله صلى الله عليه وسلم: رغم أنفه، ثم رغم أنفه، ثم رغم أنفه، قيل: من يا رسول الله: قال ((من أدرك والداه عند الكبر أحدهما أو كلاهما ثم لم يدخل الجنة)).

مختصر صحيح مسلم (١٧٥٨)

معنى المفردات:
١-   رغم انفه:أي لصق بالرغام،وهو التراب .
٢-   يعني من ادرك أبويه أو أحدهما فلم يبرهما فمات،فدخل النار.

٦- عن انس بن مالك رضي الله عنه قال ارتقى النبي صلى الله عليه وسلم على المنبر درجه فقال أمين، ثم ارتقى الثالثه فقال: أمين، ثم استوى فجلس، فقال أصحابه:على ما أُمنت ؟ قال: ((أتاني جبريل فقال: رغم انف أمرىء ذكرت عنده فلم يصلي عليك، فقلت: امين،فقال: رغم أنف امرىء أدرك أبويه فلم يدخل الجنه، فقلت: أمين، فقال: رغم انف امرىء أدرك رمضان فلم يُغفر له، فقلت: امين)) .

٧- وعن جابر بن أبي سمره رضي الله عنه قال: صعد النبي صلى الله عليه وسلم المنبر فقال: أمين، أمين،أمين قالك أتاني جبريل غليه الصلاه والسلام،فقال: يامحمد من أدرك أحد أبويه فمات، فدخل النار، فأبعده الله، فقل: أمين، فقلت

أمين، فقال يا محمد من ادرك شهر رمضان فمات فلم يغفر له فأدخل النار فأبعده الله:فقال: آمين، فقلت:آمين، قال: ومن ذكرت عنده فلم يصلي عليك، فدخل النار فأبعده الله، فقل أمين،فقلت امين.

صحيح الترغيب والترهيب

في روايه ابن حيان في صحيحه من حديث أبي هريره،رضي الله عنه إنه قال فيه: ((ومن ادرك أبويه أو أحدهما، فلم يبرهما، فدخل النار، فأبعده الله، قل))

٨-عن مالك بن عمر و القشري رضي الله عنه قال: سمعت رسول الله صلى الله عليه وسلم يقول: ((من أعنق رقبه مسلمه فهي فداؤه من النار، ومن أدرك أحد والديه ثم لم يغفر له فأبعده الله وأسحقه))

صحيح الترغيب والترهيب

٩- وعن أبي مالك عن النبي صلى الله عليه وسلم أنه قال: ((من أدرك والديه أو أحدهما ثم دخل النار من بعد ذلك فأبعده الله وأسحقه))أي بسبب عدم برهما وعدم رعايتهما

١٠-وعن عبد الله بن عمرو بن العاص رضي الله عنهما أن رسول الله صلى الله عليه وسلم قال)(ثلاثه حرم الله تبارك وتعالى عليهم الجنه،مدمن الخمر،والعاق،والديوث الذي يُقر الخبث في اهله)) .

صحيح الترغيب والترهيب

المفردات :

١-العاق:اسم فاعل من عق والعقوق:اشد من العصيان للوالدين .

١١-وعن عبد الله بن عمر رضي الله عنهما قال رسول الله صلى الله عليه وسلم ((ثلاثه لا يدخلون الجنه ولا ينظر اليهم يوم القيامه:العاق لوالديه،و المرأه المترجله المتشبهه بالرجال،والديوث)) .

صحيح الجامع (٣٠٥٨)

المفردات:

١_ الديوث:بتشدد الياء، وهي الذي يقر اهله على الزنا مع علمه بهم .

١٢-وعن عبد الله بن عمرو بن العاص رضي الله عنهما، أنّ رسول الله صلى الله عليه وسلم قال: ((لايدخل الجنه منان، ولا عاق، ولا مدمن خمر)).

١٣-وعن أبي أمامه رضي الـلـه عنه، أنَّ الرسول صلى الـلـه عليه وسلم قال ((ثلاثه لايقبل الـلـه منهم يوم القيامه صرفاً،ولا عدلاً، عاق، ومنان،ومكذب بالقدر))

صحيح الجامع (٣٠٦٠)

معاني المفردات:

١-الصرف:التوبه .

٢-عدلاً:اي لا يقبل الـلـه منهم فداء .

١٤-وعن عبد الـلـه بن عمرو بن العاص رضي الـلـه عنهما، أنَّ رسول الـلـه صلى الـلـه عليه وسلم قال: ((ثلاثه لاينظر الـلـه إليهم يوم القيامه:العاق لوالديه، والمرأه المرتجلة المتشبههة بالرجال، والديوث، وثلاثه لا يدخلون الجنه: العاق لوالديه، والمدمن الخمر، والمنان بما أعطى)) .

صحيح الجامع(٣٠٦٦)

١٥- وعن أبي الدرداء رضي الـلـه عنه، أنَّ النبي صلى الـلـه عليه وسلم قال:((لايدخل الجنه عاق،ولامدمن خمر،ولامكذب بقدر)) .

١٦- وعن انس بن مالك رضي الـلـه عنه ان النبي صلى الـلـه عليه وسلم قال: ((لايلج حائط القدس:مدمن خمر، ولا العاق لوالديه، ولا المنان عطاءه)) .

المفردات :

١-حائط القدس:الجنة .

١٧- عن عبد الله بن عمرو بن العاص رضي الله عنهما ان الرسول صلى الله عليه وسلم قال((لايدخل حظيرة القدس،سكير،ولاعاق،ولامنان))

المفردات:
حظيرة القدس: الجنة .

١٨- وعن عمرو بن مره الجهني رضي الله عنه قال:((جاء رجل الى النبي صلى الله عليه وسلم فقال: يا رسول الله شهدت أنْ لا إله الا الله، وأنك رسول الله، وصليت الخمس، وأديت زكاة مالي، وصمت رمضان، فقال النبي صلى الله عليه وسلم: ((من مات على هذا كان مع النبين والصديقين والشهداء يوم القيامه هكذا،ونصب اصبعيه،مالم يعق والديه)).

صحيح الترغيب والترهيب

أي محافظاً على توحيد الله وإخلاص العمل له،مع العمل بسنة رسول الله صلى الله عليه وسلم مع اداء الصلاه في اوقاتها،والزكاه والصيام،أدخله الله الجنه بجوار الانبياء والابرار المتقين والشهداء، والمجاهدين، شريطة أنْ يطيع والديه ولايؤذيهما، والمعنى خلال الإسلام توصل الى نعيم الله مدة عدم عصيان الابوين، وعقوقهما يحبط الثواب ويضيع الحسنات فلا يجد الإنسان العاق ما يقيه يوم القيامه من العذاب.

حسن تربية الأبناء طريق ليكن لهم الولد البار الصالح

١- عن أبي هريرة رضي اللـه عنه أن رسول اللـه صلى اللـه عليه وسلم قال: ((إذا مات الإنسان انقطع عنه عمله إلا من ثلاثه اشياء،إلا من صدقه جاريه،أو علم ينتفع به أو ولد صالح يدعو له))

اخرجه مسلم (٧٣\٥)

المفردات: ولد صالح:قيد بالصالح لأن الأجر لايحصل من غيره وأما الوزر فلا يلحق بالوالد

٢- عن ابي قتاده رضي اللـه عنه قال: قال رسول اللـه صلى اللـه عليه وسلم: ((خير ما يخلف الرجل من بعده ثلاث:ولد صالح يدعو له،وصدقه تجري يبلغه اجرها، وعلم يعمل به من بعده)) .

اخرجه ابن ماجه وغيره

٣- وعن أبي هريرة رضي الله عنه قال: قال رسول الله صلى الله عليه وسلم:((إن مما يلحق المؤمن من عمله وحسناته بعد موته، علماً علمه ونشره، وولداً صالحاً تركه و مصحفاً ورثه،أو مسجداً بناه،أو بيتاً لابن سبيل بناه، أو نهراً أجراه أو صدقةً أخرجها من ماله في صحته وحياته يلحقه من بعد موته)).

اخرجه ابن ماجه وغيره

٤- عن ابن عباس رضي الله عنه: ((أن سعد بن عباده رضي الله عنه استفتى رسول الله صلى الله عليه وسلم فقال:إن أمي ماتت وعليها نذر ؟ فقال اقضه عنها)) .

اخرجه البخاري ومسلم

٥- عن ابن عباس رضي الله عنه ((ان امرأة ركبت البحر فنذرت، إن الله تبارك وتعالى أنجاها أن تصوم شهراً، فأنجاها الله عزّ وجل، فلم تصم حتى ماتت، فجاءت قرابة لها إما أختها او أبنتها إلى النبي صلى الله عليه وسلم فذكرت ذلك له فقال: ((أرأيتك لو كان عليها دين كنت تقضيه؟ قالت:نعم، قال: فدين الله احق أن يقضى، فأقضي عن امك))

اخرجه ابو داود

٦- عن عائشة رضي اللـه عنها ((أن رجلاً قال:إن أمي افتلتت نفسها ولم توصي، وأظنها لو تكلمت تصدقت، فهل لها اجر إن تصدق عنها ولي أجر؟ قال:نعم، فتصدق عنها)) .

أخرجه البخاري ومسلم وغيره

المفردات:
١- افتلتت: أي ماتت فجأة .

٧- وعن ابن عباس رضي اللـه عنه ((أن سعد بن عبادة توفيت أمه وهو غائب عنها، فقال يارسول اللـه إن أمي توفيت، وأنا غائب عنها، فهل ينفعها إن تصدقت بشيء عنها؟ قال:نعم فإني اشهدك إنَّ حائط المخراف صدقه عليها)).

أخرجه البخاري وغيره

المفردات:
١_ المخراف أي المثمر، سمي بذلك لما يخفر منه أي يجنى منه الثمر.

٨- و عن ابي هريره رضي اللـه عنه: ((أن رجلاً قال للنبي صلى اللـه عليه وسلم: إن أبي مات وترك مالاً ولم يوصي، فهل يكفّر عنه أنْ اتصدق عنه؟ قال: نعم))

أخرجه مسلم

عن بريدة رضي الله عنه قال: ((بينما أنا جالس عند رسول الله صلى الله عليه وسلم،إذ اتته إمرأه فقالت: إني تصدقت على أمي بجاريه، وإنها ماتت، قال: ((وجب أجرك وردها عليك الميراث قالت: يا رسول الله إ نه كان عليها صوم شهر أفأصوم عنها ؟ قال: ((صومي عنها))قالت انها لم تحج قط، أفأحج عنها، قال: حجي عنها)) .

صحيح مسلم

قصص للأعتبار من الأثر ومن الواقع

١- عن العوام بن حوشب رضي الله عنه قال:((نزلت مره حياً وإلى جانب ذلك الحي مقبره،فلما كان العصر انشق منها قبر فخرج رجل رأسه رأس الحمار وجسده جسد الإنسان،فنهق ثلاث نهقات،ثم انطبق عليه القبر،فإذا عجوز تغزل شعراً أو صوفاً، فقالت امرأة ترى تلك العجوز؟ قلت:مالها؟ قالت: تلك أم هذا، قلت وما كانت قصته؟ قالت: كان يشرب الخمر فإذا راح تقول له امه: يا بني اتق الله إلى متى تشرب هذا الخمر؟ فيقول لها: إنما انت تنهقين كما ينهق الحمار، قالت:فمات بعد العصر، قال:فهو ينشق عنه القبر بعد العصر كل يوم، فينهق ثلاث نهقات، ثم ينطبق عليه القبر. رواه الأصبهاني وغيره، وقال الأصبهاني:حدث به أبو العباس الأصم إملاء بنيسابور بمشهد من الحفاظ فلم ينكروه .

صحيح الترغيب والترهيب

المفردات:
١- حياً: اي جهه معموره أهله بالسكان .

٢- تنهق:اي جعل الله صوته صوت الحمار،وقد عذبه الله من جني افترائه وغروره واغوائه وإضلاله، جعل سبحانه صورته صورة حمار، له صوت منكر مرتفع، لماذا؟ لأنه خالف نصيحة أُمه، وصد عن قولها ورماها بالوقاحة وقلة الأدب والفاظ البذاءة (انت تنهقين) فلو سمع نصحها وصغى الى قولها، واسترشد بنور ايمانها لنعم وفاز بالجنة، لكن عصاها فاستحق إهانة وازدراء .

قصص من الواقع بين الحقوق والعقوق

١- الحدث

يروى أحد المدرسين في دار للأحداث قصه (حَدَثْ) كان موجوداً عندهم محكوماً عليه في قضية أخلاقيه، فبعد انتهاء مدته في الدار يقول المدرس قمت بإبلاغه بأنه سيطلق سراحه في الاسبوع القادم ومطلوب منه ابلاغ أهله في الزياره لإحضار الكفاله اللازمه، فانخراط الحدث في البكاء، ظننت أنها دموع الفرح لخروجه من الدار ولكن استمرار البكاء وتعبير عن الحزن والقلق على وجهه جعلتني أنتحي به بعيداً وأسأله عن سبب ذلك فإذا به يقول: لا اريد أن أخرج من الدار، أرجوك دعني أبقى هنا، ماذا تقول: قلتها وأنا في دهشه، قال أريد أن أبقى في الدار رغم انني أفقد حريتي فهي أفضل من بيت أبي !

قلت له:لاشك أنك مخطىء، فلا يوجد مكان أفضل من منزل الأسره، رد قائلاً: اسمع قصتي واحكم بنفسك.

توفيت والدتي منذ حوالي ثمانية اعوام وتركتني أنا وشقيقة أصغر مني بعامين وبعد وفاتها بعدة شهور أبلغني والدي بأنه سيتزوج وستكون له خالة مقام أمه، لم أستوعب جيداً لصغر سني هذا الكلام، وبعد حوالي اسبوع أقام والدي حفل عرس كبير وجاءَت زوجة أبي إلى المنزل.

عاملتنا في البدايه معاملةً طيبةً ثم بدأت معاملتها تتغير بالتدرج فكانت دائمة الشكوى لوالدي كلما عاد إلى منزله فتقول له: ابنك عمل كذا وابنتك عملت كذا ولم يكن أبي الذي يعود مرهقاً من عمله لديه استعداد لسماع المشاكل وحلها، كما أن صغر سننا أنا وشقيقتي أضعف قدرتنا على التعبير والدفاع عن أنفسنا ولم يكن يسمح لنا بالدفاع أمام القصص التي تختلقها زوجة أبي وتجيد حبكها وروايتها.

وفي البدايه كان أبي ينصحنا وأحياناً يوبخنا ثم تطور الأمر مع استمرار القصص والشكاوى إلى الضرب والسباب والإهانات وإزداد الأمر سوءاً بعد ان رزق أبي بثلاثة اولاد من زوجته، وبمرور الأيام تحولت أنا وشقيقتي إلى خدم بالمنزل، علينا أن نلبي طلبات خالتي وأبناءَها فأنا مسؤول عن شراء كل ما يحتاجه البيت، وشقيقتي مسؤوله عن تنظيف المنزل والمطبخ، وكنا ننظر بحسد إلى أبناء أبي الذين يتمتعون بالحب والتدليل وتستجاب رغباتهم وطلباتهم، وكان أبي يشعر أنني أنا وشقيقتي عبء عليه وعلى سعادته، وأننا دائماً نتسبب في تكدير جو البيت بما تقصه عليه خالتي من قصص مختلقة عنا وكان رد فعل أبي السباب والضرب، وأنه لن يرضَ عنا إلا إذا رضيت زوجته، وكان يطلق علينا النعوت السيئه وكان الجميع

ينادونا بها حتى كدنا أن ننسى أسماءنا الحقيقيه، وكنا محرومين من كل شيء، حتى المناسبات التي تدعى إليها الأسره، كنا نحرم منها ولانذهب معهم ونجلس وحدنا في الدار ننعى سوء حظنا.

وحدثت حادثه قي الشتاء الماضي فقد أحسست بالتعب الشديد وألم في بطني وطلبت مني خالتي أن أخرج لشراء خبز للعشاء وكانت البرودة شديدة فقلت لها أني مريض ولن أستطيع الخروج الأن .

فقالت لأبي انني أتمارض حتى لا أقوم بما هو مطلوب مني، فانهال علي أبي ضرباً وصفعاً وركلاً حتى سقطت من المرض والإعياء، واضطروا إلى نقلي إلى المستشفى عندما ساءت حالتي ومكثت في المستشفى خمسة ايام وبرغم الألم والتعب فقد استبشرت خيراً بهذه الحادثه وقلت لعلها توقظ ضمير أبي وتجعله يراجع نفسه إلا أنه للأسف استمر على ما هو عليه، وبدأت بعد ذلك أعرف طريق الهروب من المنزل والتقطني بعض الشباب الأكبر سناً وأظهرو لي بعض العطف الذي كنت انا في حاجة شديده إليه ومن خلال هذه المشاعر المزيفة استطاعوا خداعي وانزلقت معهم في الإنحراف الأخلاقي ولم أدرك بشاعة ذلك لصغر سني وعدم ادراكي ثم قبض عليه في قضيه أخلاقيه أدخلت الدار، وعرفت فيها مقدار الخطأ الذي وقعت فيه وأحمد اللـه على توبتي، فهل انا على حق في بكائي وحزني وتمسكي بداركم أم لا؟

وسكت بعد أن أثقل ضميري بالحمل الذي ينوء بحمله الرجال، فكيف لطفل لم يبلغ مرحلة الشباب، وتحيرت في الرد عليه، ما الذي جنى على هذا

الإبن ؟ من المسؤول عن هذه المأساة؟ هل هي زوجة الأب أو الأب أم الأبناء ؟ وشرد خيالي وأنا أتخيل لو أن هناك سوقاً يختار فيه الأبناء الآباء الجيدين لدفع هذا الحدث كل ما يملك ثمناً لأب جيد ولكن كم يساوي رجل مثل أبيه الحقيقي في مثل هذا السوق ؟ وحسبنا الله ونعم الوكيل.

٢_ زوجة أبي

أروي هذه القصة أنا نفسي حين كنت مدرسا في احدى المدارس وكنت مندوباً للمعلمين في العمل النقابي، فكان واجبي أن أذهب لزيارة المدارس حتى أتلمس مشاكل المعلمين والمعلمات، وذهبت لزيارة احدى مدارس الاناث، واذا بسيارة اسعاف تقف أمام المدرسة وتحمل فتاة صغيرة بعمر الورد لكن لونها ليس كلون الورد انه أصفر مائل الى سواد وازرقاق، منظرها منتفخ مخيف، حاولت المساعدة لكن سرعان ماقال المسعف أسرعوا انها تفقد التنفس وبعد دقيقتين، قال المسعف رحمها اللـه، وحاولت ان افهم السبب ما القصة، فقالت لي المعلمة التي تدرسها انها عبق ريح عطرة، وبكت المعلمة حزناً عليها، وسرعان ما غادرت المدرسة، وأنا افكر في هذه الطفلة، وفي اليوم التالي ذهبت الى المدرسة لأعرف قصتها فقالت لي المعلمة أنها يتيمة الأم تزوج والدها امرأة من جنسية عربية (مصرية) وأنجبت المصرية فتاة فكانت بعمرها، عندما كبرت الفتاتان دخلتا المدرسة وشتان بين معاملة ابنة المصرية والفتاة المسكينة حيث كانت تتعرض للضرب من والدها وتلك الزوجة القبيحة يومياً (لكن اللـه سبحانه لا يحب الظلم) والظلم ظلمات يوم القيامة، كنا نشعر بالمأساة التي تعيشها هذه الفتاة بكل ما تعنيه الكلمة، وقبل وفاتها بساعات قامت الام المصرية باحضار (سرنجة) حقنة وملأتها بماء ملوث من المجاري وحقنت الفتاة الصغيرة بالوريد، وذهبت الفتاتان مع إشراقة الصباح الى المدرسة، واختلفت حال الفتاة فقد تغير لونها وأغمي عليها وقمنا باستدعاء سيارة الاسعاف وأنت تعرف الباقي ولكن اللـه سبحانه كشف الحقيقة حين قالت ابنة

المصرية بحضور المحققين، لماذا قمت بدق اختي ابرة في يدها ؟ وهنا ضغط المحققون على هذه المجرمة فاعترفت بجريمتها، حيث اعماها الحقد على فتاة بريئة فقتلتها، فكان جزاؤها الإعدام في الدنيا وعند اللـه لها عقاب شديد، وحسبنا اللـه ونعم الوكيل.

٣ ـ الأبكم الفصيح

أنا شاب وعمري ٣٧ متزوج ولي أولاد ارتكبت المحرمات كل ما يغضب اللـه كان لي ولد في السابعة من عمره أصم أبكم لكنه كان قد رضع الإيمان من ثدي أمه المؤمنة، كنت ذات ليلة في البيت وأخطط ماذا سافعل مع الأصحاب، وأين سنذهب كان الوقت بعد صلاة المغرب، فاذا بابني الأصم الأبكم يكلمني بالاشارة المفهومة بيني وبينه ويشير إلي: لماذا يا أبتي لا تصلي ؟ ثم أخذ يرفع يديه الى السماء ويهددني بأن اللـه يراك وكان ابني يراني وأنا أفعل المنكرات فتعجبت من قوله وأخذ يبكي أمامي فاخذته الى جانبي لكنه هرب مني، وبعد فترة ذهب الى صنبور الماء وتوضأ وهو لا يحسن الوضوء ثم دخل علي وأشار الي أن أنتظر قليلا فاذا به يصلي أمامي، ثم أحضر المصحف ووضعه أمامي وفتحه مباشرة دون أن يقلب الورق ووضع اصبعه على هذه الآية من سورة مريم (يَا أَبَتِ إِنِّي أَخَافُ أَنْ يَمَسَّكَ عَذَابٌ مِنَ الرَّحْمَنِ فَتَكُونَ لِلشَّيْطَانِ وَلِيًّا(45)) ثم أجهش بالبكاء وبكيت معه طويلا ومسح الدمع من عيني ثم قبل رأسي ويدي وقال بالإشارة، صل يا والدي قبل ان توضع في التراب وكنت و اللـه العظيم في دهشة وخوف لا يعلمه إلا اللـه فقمت على الفور بإضاءة أنوار البيت جميعها، وابني الأصم الأبكم يلاحقني من غرفة وينظر الي باستغراب وقال بالاشارة هيا الى المسجد النبوي، فقلت له نذهب الى المسجد القريب فأبى إلا المسجد النبوي فأخذته الى هناك وأنا في خوف شديد وكانت نظراته لا تفارقني البتة ودخلت الى الروضة الشريفة وصليت ولم أتمالك

نفسي من البكاء وابني يبكي لبكائي وفي أثناء الصلاة أخرج أبي منديلا ومسح به دموعي وجلسنا بعد الصلاة ساعة في الحرم، فعدنا الى البيت وقال ابني الاصم لأمه: أبي صلى في الحرم فالحمد لله على الهداية وأحببت ولدي كثير وزيادة لأنه سبب في الهداية.

٤_ دعاء الأم

كان يسكن مع أمه العجوز في بيت متواضع وكان يقضي معظم وقته امام شاشة التلفاز، كان مغرما بمشاهدة الأفلام والمسلسلات يسهر الليالي، من اجل ذلك لم يكن يذهب الى المسجد ليؤدي الصلاة المفروضة مع المسلمين طالما نصحته أمه العجوز لأداء الصلاة وكان يستهزىء بها ويسخر منها ولا يعيرها أي اهتمام.

مسكينة تلك الأم انها لا تملك شيئا وهي المرأة الكبيرة الضعيفة أنها تتمنى لو أن الهداية تباع فتشتريها لإبنها ووحيدها بكل ما تملك إنها لا تملك الا شيئاً واحداً، واحداً فقط إنه الدعاء إنها سهام الليل التي لا تخطىء، فيما هو يسهر طوال الليل أمام تلك المناظر المزرية كانت هي تقوم في جوف الليل تدعو له بالهداية والصلاح ولا عجب في ذلك فإنها عاطفة الأمومة التي لا يساويها عاطفة أيا كانت.

وفي ليلة من الليالي حيث السكون والهدوء وبينما هي رافعة كفيها تدعو اللـه سبحانه وتعالى، وقد سالت الدموع على خديها،دموع الحزن والألم إذا بصوت يقطع ذلك الصمت الرهيب صوت غريب فخرجت الأم مسرعة باتجاه الصوت وهي تصرخ ولدي حبيبي، فلما دخلت عليه بيده عصا ويحطم الجهاز اللعين الذي طالما عكف عليه وانشغل به عن طاعة اللـه وطاعة أمه وترك من أجله جميع الصلوات المكتوبة، ثم انطلق الى امه يقبل رأسها ويضمها الى صدره وفي تلك اللحظة وقفت الأم مندهشة مما رأت والدموع على خديها ولكنها في هذه المرة ليست دموع الحزن والألم وانما دموع الفرح والسرور وهكذا استجاب اللـه لدعائها فكانت الهداية وصدق

الله العظيم اذ يقول (وَإِذَا سَأَلَكَ عِبَادِي عَنِّي فَإِنِّي قَرِيبٌ أُجِيبُ دَعْوَةَ الدَّاعِ إِذَا دَعَانِ)

٥_ توبة شاب عاق

يقول أحد الشباب، وأنا صغير أشرفت أمي على تربيتي بعد وفاة والدي عملت خادمة في البيوت حتى تستطيع أن تصرف علي، فقد كنت وحيدها أدخلتني المدرسة، وتعلمت حتى أنهيت الدراسة الجامعية، كنت باراً بها، وجاءت بعثتي الى الخارج فودعتني أمي والدموع تملأ عينيها وهي تقول لي: انتبه يا ولدي على نفسك ولا تقطعني من أخبارك، أرسل لي رسائل حتى اطمئن عليك، أكملت تعليمي بعد مضي زمن طويل ورجعت شخصا آخر قد أثرت فيه الحضارة الغربية، رأيت في الدين تخلفاً ورجعية، وأصبحت لا أؤمن الا بالحياة المادية والعياذ بالله.

وتحصلت على وظيفة عالية وبدأت أبحث عن الزوجة حتى حصلت عليها وكانت والدتي قد اختارت لي فتاة متدينة محافظة ولكني ابيت إلا تلك الفتاة الغنية الجميلة لأني كنت أحلم بالحياة الأرستقراطية، وخلال ستة أشهر من زواجي كانت زوجتي تكيد لأمي حتى كرهت والدتي، وفي يوم من الأيام دخلت البيت واذا بزوجتي تبكي فسألتها عن السبب فقالت لي: شوف يا أنا يا أمك في هذا البيت، لا أستطيع أن أصبر عليها أكثر من ذلك.

جن جنوني وطردت أمي من البيت في لحظة غضب، فخرجت وهي تبكي وتقول: أسعدك الـله يا ولدي.

وبعد ذلك خرجت بساعات أبحث عنها ولكن بلا فائدة، رجعت الى البيت واستطاعت زوجتي بمكرها وجهلي أن تنسيني تلك الأم الغالية.

انقطعت اخبار أمي عني فترة من الزمن، أصبت خلالها بمرض خبيث دخلت على اثره المستشفى، وعلمت أمي بالخبر فجاءت تزورني، وكانت زوجتي عندي وقبل أن تدخل علي طردتها زوجتي قالت لها: ابنك ليس هنا، ماذا تريدين منا اذهبي عنا ورجعت أمي من حيث أتت.

وخرجت من المستشفى بعد وقت طويل وانتكست فيه حالتي النفسية وفقدت وظيفتي والبيت وتراكمت علي الديون وكل ذلك بسب زوجتي فقد كانت ترهقني بطلباتها الكثيرة، وفي آخر المطاف ردت زوجتي الجميل وقالت: ما دمت قد فقدت وظيفتك ومالك ولم يعد لك مكان في المجتمع فإني أعلنها صريحة لك أنا لا أريدك، طلقني.

كان هذا الخبر بمثابة صاعقة وقعت على رأسي وطلقتها، فاستيقظت من السبات الذي أنا فيه، وخرجت أهيم على وجهي أبحث عن أمي وفي النهاية وجدتها لكن أين وجدتها ؟ كانت تقبع في احدى الأماكن تأكل من صدقات المحسنين، دخلت عليها وجدتها وقد أثر عليها البكاء فبدت شاحبة، وما أن رأيتها حتى القيت بنفسي عند رجليها وبكيت بكاءً مراً، وما كان منها الا أن شاركتني البكاء.

وبقينا على هذا الحال حوالي ساعة كاملة، بعدها اخذتها الى البيت وآليت على نفسي أن أكون طائعا لها وقبل ذلك أكون متبعاً لأوامر الـلـه عزّ وجل ومجتنبا لنواهيه.

وها أنا الإن أعيش أحلى أيامي وأجملها مع حبيبة العمر أمي حفظها الـلـه، وقد اختارت لى زوجة صالحة فتزوجتها وعادت أموري بخير كما كانت وأسأل الـلـه أن يديم علينا الستر والعافية.

أمومة المرأة في العصر الحديث

_ الأمومة

الأمومة وظيفة أصلية من وظائف المرأة .

والمرأة التي لاتنجب ولا تعرف طعم الأمومة تحس بالنقص في حياتها، ولكن كان سعي المرأة التي تأخر انجابها الى المعالجة نابعاً من مشاعر متعددة أو مواقف شتى، فليس أقلها القيام بالوظيفة الأصلية التي خلقت المرأة لتقوم بها في مرحلة من مراحل حياتها، لكن طبيعة الحياة المعاصرة لم تدع كثيراً من الأمور على طبيعتها، ومن ذلك تعارض وظيفة الأمومة مع ما تقوم به المرأة من وظائف أخرى في الحياة، لأن الضرورة الاقتصادية لتدفع بكثير من النساء الى مواقع العمل المختلفة، بل أن بعض الرجال يفضلون المرأة العاملة وذلك لتكون عونا لهم في مرحلة تأسيس الحياة الزوجية.

وإذا تيسرت الأمور رجعت المرأة الى بيتها واكتفت بالرزق الذي يأتي من عمل الزوج، ومن مشكلات العمل طغيانه على وظيفة الأمومة، حيث لا تراعي

تشريعات العمل في كثير من البلاد طبيعة المرأة وحاجات أطفالها، والجواب الجاهز لدى أرباب العمل، المرأة التي لا تستطيع القيام بحق عملها عليها تركه والتفرغ لبيتها!

وعندما تحمل المرأة العاملة فتفرح، وما لها لا تفرح وهي ستصبح أما وستحقق هدفا أساسيا من أهداف الزواج، وتقطع الألسنة التي تطول ان تأخر حملها.

وتمضي الأشهر، ويثقل بها الحمل، وتحس بعبء العمل ثم تلد، تجاز اسبوعين أو شهراً أو فوق ذلك بقليل باختلاف اجازات الوضع في البلاد المختلفة.

ويأتي اليوم الصعب، يوم العودة الى العمل، ويكون الأمر أشق مع طول ساعات الدوام، فقد تضطر الى الغياب عن طفلها ثماني ساعات، أو دون ذلك فأين تذهب به وكيف يتم ارضاعه ؟

المحظوظ من الأطفال من يجد مأوى لدى جدته لأمه أو لأبيه.

وأكثر الأطفال يوضعون في حضانات، وينقطعون عن الرضاعة الطبيعية كلياً أو جزئياً، وقد يكون البديل خادمة مستوردة ذات لغات وعادات مختلفة! هل ينال الأطفال حقوقهم في الرضاعة والرعاية في مرحلة الطفولة الأول ؟ ألا يظلمون بعمل الأم، وهل يعوضهم عنها أي بديل ولو كان جدة أو خالة أو عمة، هل يمكن للتشريعات أن تنصف الأطفال باجازة طويلة للأم تؤدي حقهم ولا تنقطع عن عملها انقطاعاً نهائياً.

الطفولة في العصر الحديث

لكل مرحلة من مراحل العمر خصائصها وحاجاتها التي تحدد طرق التعامل معها، وكم يظلم الانسان نفسه حين يتجاهل ذلك، لأنه يكون كمن يريد الثمرة في غير أوانها، أو كمن يكلف الأشياء ضد طباعها.

أقول هذا وأنا أنظر في حال الطفولة والأطفال في اكثر بلاد العرب والمسلمين، وأستطيع ان أصف الطفولة بغير تردد بأنها مظلومة، حيث لا يحصل الطفل على ما ينبغي أن يحصل عليه من حقوق، إن واقع كثير من الأسر في مجتمعاتنا لا يتيح توفير متطلبات الطفولة في المنزل من العاب وكتب ومجلات، فضلاً عن متطلبات الجسم النامي.

والمجتمع لا يسد هذا النقص في كثير من الأحيان، فأين ملاعب الأطفال؟ وإن وجدت فهل هي كافية؟ وهل يفكر مخططو المدن والتجمعات السكانية في حاجات الأطفال.

أين المكتبات الخاصة بالأطفال التي ينبغي أن توجد في كل حي، ليقضي الطفل فيها بعض يومه يستمتع ويستفيد، ينمو نفسياً وعقلياً واجتماعياً ؟

أين حقوق الطفل المتمثلة في ادراك نفسيتهِ وعقليتهِ من الوالدين ومن المعلمين ؟ أليس الطفل لدى كثيرٍ منا رجلاً صغيراً أحياناً ؟

ولذلك نعامله معاملة الكبار من حيث الأوامر والنهي و أين حقوق الطفل في المدرسة التي تستوي فيها (هندسة الصف) في المرحلة الابتدائية حتى الثانوية بل الجامعية ؟! أليس فيها جميعا مقاعد ومدرس وسبورة ؟ أولسنا نفتقد فيها الأساليب التي تجعل الطفل يحب المدرسة كما يحب البيت ؟ أين حقوق الطفل في المجال الثقافي في تأليف الكتب الخاصة به وفق مراحل الطفولة المختلفة ؟

وأين مجلات الأطفال التي تعرف حق الطفل وتقدم له ما ينبغي تقديمه من المعرفة ؟ هنالك تجارب ومحاولات ولكنها ما تزال دون ماهو مطلوب كماً ونوعاً! إن الحديث عن الطفولة هو حديث عن مستقبل الأمة، فأطفال اليوم هم غراس تؤتي أكلها بعد سنين.

فإن غرست فيها المبادىء والقيم السليمة جنت الامة منها ما تريد، والا فإن حالة التخلف في الأمة قد تمتد الى زمن بعيد.

حقوق وواجبات

لا شك في أن للأولاد حقوقا كما عليهم واجبات، ولكن واجباتهم أعظم من حقوقهم، وكما أنه يطلب منهم أن يؤدوا الواجبات فإن من حقهم نيل حقوقهم.

وقد جسد هذا الأمر مقولة يصورها هذا الموقف:سب (شتم) أعرابي ولده وذكر له حقه عليه، فقال له الولد: يا أبتاه، إن عظيم حقك علي لا يبطل صغير حقي عليك، والفارق كبير بين أداء الأولاد لحقوقهم وأداء الآباء لها، الوالدان يؤديان حقوق الأولاد بفطرة ومحبة وإقبال، وقد يؤدي بعض الأولاد حقوق الوالدين بثقل و أداء للواجب.

يروى أن رجلا جاء الى عمر بن الخطاب رضي اللـه عنه فقال له: إن لي أما بلغ منها الكبر إنها لا تقضي حاجتها الا و ظهري لها مطية، فهل أديت حقها ؟ قال: لا، لأنها كانت تصنع بك ذلك وهي تتمنى بقاءك، وأنت تصنعه وأنت تتمنى فراقها.

و الأمر بين الأولاد والوالدين بحاجة الى ميزان عادل، وقد نطق اهل الحكمة بأقوال في هذا الأمر.

ومن ذلك ما روي عن زيد بن علي أنه قال لابنه: ((يا بني، إن الـلـه لم يرضك لي فأوصاك بي، ورضيني لك فحذرنيك، واعلم أن خير الآباء للأبناء من لم تدعه المودة إلى التفريط، وخير الابناء للآباء من لم يدعه التقصير إلى العقوق، إنه الميزان الذي لا تفريط فيه ولا تقصير ولا اهمال ولا عقوق.

ومما يروى في هذا المجال هذا الموقف الذي كان بين الأحنف بن قيس ومعاوية بن أبي سفيان، حيث دخل الأحنف على معاوية فسأله: (ما تقول في الولد) فقال: يا أمير المؤمنين، ثمار قلوبنا وعماد ظهورنا، نحن لهم أرض ذليلة وسماء ظليلة، فإن طلبوا فاعطهم، وان غضبوا فارضهم، يمنحوك ودهم، ويحبوك جهدهم، ولا تكن عليهم ثقيلاً، فيملُّوا حياتك ويحبوا وفاتك.

فقال معاوية ((لله أنت يا أحنف، لقد دخلت علي واني لمملوء غضباً على يزيد فسللت الغضب من قلبي.

انها نظرة حكيم مجرب وقواعد في تربية الأولاد، ولكن هل تكون ثمرة احسان التربية دائما وفق ما يراد ؟ وهل يكون الأبناء قرة عين للوالدين في كل حال.

التاريخ والواقع يعطيان جواباً قد لا نرضاه، ولكنها الحقيقة المرة.

التربية والثمرات

لقد أصبحَ سعي أكثر الناس في هذا الزمان موجهاً لتأمين أمر الأولاد وتوفير الحياة الكريمة لهم، وتعليمهم وتهيئتهم للحياة ليكونوا أناساً ناجحين، وإعدادهم للآخرة ليكونوا من المفلحين.

وكم يحسُ الأب والأم بالخيبة حين يجدان الأولاد يسيرون في طريق غير الذي يريدون.

أن هناك اختلافاً بين الأجيال، ولا أحب أن أسميه صراعاً لأن الصراع يكون بين الأعداء لا بين الآباء والأبناء.

وإن هناك ظروفاً متجددة يعيشها الأبناء غير التي يعيشها الآباء، ولكن لابد في أن يكون هناك خط لا يتجاوزه الأبناء لكيلا يسببوا لآبائهم الخيبة والمرارة.

إنك لتعجب حين ترى شاباً ناجحاً متفوقاً والظروف من حوله تدعوه الى الفشل واليأس ويزداد عجبك حين ترى شاباً يفشل والعوامل من حوله تدفعه الى النجاح، وتعجب أن ترى الشاب ينشأ في أسرة متدينة ولكن يشذ عن الطريق،

وترى شاباً ينشأ في أسرة قليلة التدين، بل ربما يحارب الدين فيها، فتراه نموذجاً للتمسك بالاسلام سلوكاً ودعوةً وفكراً.

وقد تردد قوله تعالى (إِنَّكَ لَا تَهْدِي مَنْ أَحْبَبْتَ وَلَكِنَّ اللَّهَ يَهْدِي مَنْ يَشَاءُ وَهُوَ أَعْلَمُ بِالْمُهْتَدِينَ (56))(القصص ٥٦) وقد تتهم الوالدين بالتقصير في شأن أبنائهما و وقد يكون شيء من ذلك ولكن ليس في الأحوال كافة.

إن من أهم المشكلات في حياتنا أن دور الأسرة في التربية قد تراجع ودور المساجد في التوجيه قد تلاشى، واستقطاب المسلمين ليس في المستوى المطلوب بل هو يتأرجح وفي ظروف مختلفة.

ويبقى الأبناء ضحية عوامل أخرى، المدرسة، المنهاج الدراسي، وتوجيه المدرسين، والصحبة في المدرسة والحي والنادي ووسائل الاعلام، وما تبثه من ثقافة مغرية تتسلل الى النفس تسلل الأشعة لا تسلل الهواء.

ومع ذلك كله، تبقى مسؤولية الآباء والأمهات قائمة ويبقى الحرص في الصدر مشتعلاً .

الشكوى من الأبناء

شكوى الوالدين من الأبناء قضية قديمة متجددة، فقد ذكر لي رجل فاضل أنه جمعه مجلس برجال علم من بلاد مختلفة، واكثرهم اساتذة في جامعات، وذوو سمعة طيبة و فكانت الشكوى من الأبناء قاسماً مشتركاً بينهم.

وتنوعت الشكوى في فشل في الدنيا، وانحراف عن الدين، والغريب في أمر الأبناء أنهم يعلمون ويتجاهلون ويعلمون عقوبة العقوق، وأثره في حياة الأنسان وآخرته، ولكنهم يتجاهلون ذلك، ويتصرفون بأعصاب باردة، تجد الشاب في خارج البيت على سجيته ابتساماً وتفاعلاً وحسن تعامل، وحتى إذا دخل البيت انقلب انساناً آخر مقطب الوجه شاكياً إنْ تكلم، غير راض عن شيء.

لقد جاء في القرآن الكريم وصايا بالوالدين، قال تعالى (**وبالوالدين احسانا**) (الاسراء ٢٣) وجاءت الأحاديث الشريفة تبين أن بر الوالدين واحد من احب الأعمال الى الـلـه عز وجل وأن الولد لا يجزي والده على ما قدم له مهما يعمل، والعقوق من أكبر الكبائر، ومع هذا كله يكون عقوق الأولاد، أو تمردهم، أو شرودهم

عن طاعة الوالدين، وليس ذلك عجباً، فالشيطان وهوى النفس يرويان، لقد شكى بعض الآباء، ويبدو أن الاحساس بالخيبة يكون على قدر الأمل المبني على الأبناء، ولذا نرى من بعض الآباء نظرة واقعية، تخفف من مصابئهم إن كان من الأبناء عقوق أو شرود عن الطاعة

يروى أن عمر بن الخطاب رضي الله عنه ناول رجلاً شيئا فقال له الرجل خدمك بنوك، فقال عمر بل أغنانا الله عنهم.

ويروى أنه رجلا يحمل طفلاً على عنقه، فقال: ماهذا منك ؟ فقال: ابني قال عمر: أما إنه إن عاش فتنك وان مات حزنك.

وصدق من قال: ابنك ريحانك سبعاً وخادمك سبعاً ثم عدو أو صديق.

معاملة الوالدين

بعض الأبناء نموذج للمطلوب نجاحاً في الحياة واستقامة على طريق الـلـه، وبراً بالوالدين، وبعضهم دون ذلك على درجات يتفاوتون، ولذلك ليس عجبا أن نجد في القرآن الكريم الوصايا بالوالدين للأبناء لأن الوالدين ماض، والانسان لا يلتفت الى الماضي الا لحاجة و الأبناء مستقبل ومن الطبيعي أن ينظر الانسان الى المستقبل الذي يكون أمامه، ومن هنا كان حرص الوالدين على الاولاد حرصاً غريزياً لا يحتاج الى تنبيه، وكان البر بالوالدين أمراً دينياً واجتماعياً يحتاج الى التذكير، وإن ما يثير العجب أن تجد الولد منشرح الصدر منطلقاً خارج بيته فاذا دخل عتبة الباب، تجهم وقطب حاجبه وكأنه يدخل سجناً، ويضيق صدره ويسوء خلقه، ويزداد تأففه فتراه (يبر صديقه ويجفو والده)

وتسأل لماذا ؟ وان نرى الوالدين يحرمان نفسيهما من كثير مما يريدان من متع الدينا ويؤثران بها أولادهما، ومع ذلك لا يجدان جزاءً ولا شكورا، ولا كلمة طيبة أو وداً في المعاملة.

أذلك ثمرة سوء في الطبع، أم تقصير في التثقيف والتوجيه، أيحتاج الانسان الى من يعلمه كيف يعامل أبويه.

إن صديقاً يقدم له هدية رمزية، أو يدعوه الى طعام و فيحفظ هذا الموقف للصديق ويتحدث عنه ويسعى الى مكافأته.

فكيف به وهو في ضيافة والديه سنين طويلة.؟ كيف وهما ينفقان عليه ويعتنيان به ويرعيانه في كل شأنه.؟ ألا يستحق هذان الوالدان مكافأة على ما قدما ؟ لا أقول مكافأة مادية، وان كان الحكم النبوي (أنت ومالك لأبيك) ولكن أقول المكافأة المعنوية بحسن المعاملة، ولين القول وخفض الجناح .

لقد نبه الله عز وجل عباده الى بعض ما يعرض لهم في الحياة من تنغيص .

قال تعالى (يَا أَيُّهَا الَّذِينَ آمَنُوا إِنَّ مِنْ أَزْوَاجِكُمْ وَأَوْلَادِكُمْ عَدُوًّا لَكُمْ فَاحْذَرُوهُمْ وَإِنْ تَعْفُوا وَتَصْفَحُوا وَتَغْفِرُوا فَإِنَّ اللَّهَ غَفُورٌ رَحِيمٌ(14)) (التغابن- ١٤)

وقال تعالى(وَاعْلَمُوا أَنَّمَا أَمْوَالُكُمْ وَأَوْلَادُكُمْ فِتْنَةٌ وَأَنَّ اللَّهَ عِنْدَهُ أَجْرٌ عَظِيمٌ(28)) (الأنفال- ٢٨)

عداوة الأولاد

ماذا يريد عدوك أكثر من تنغيص عيشك، واثارة القلق في نفسك ونشؤ النكد في ليلك ونهارك؟

ماذا يريد عدوك أشد من ايذائك في بدنك، ونشر العلل فيه، ليس أكثر من ذلك الا أن تمتد يده اليك بالقتل، فماذا إذاً كان سبب المرض والنكد ولدا ؟

الم يقل عز وجل: (يَا أَيُّهَا الَّذِينَ آمَنُوا إِنَّ مِنْ أَزْوَاجِكُمْ وَأَوْلَادِكُمْ عَدُوًّا لَكُمْ فَاحْذَرُوهُمْ وَإِنْ تَعْفُوا وَتَصْفَحُوا وَتَغْفِرُوا فَإِنَّ اللَّهَ غَفُورٌ رَحِيمٌ(14)) (التغابن- ١٤)

والأصل في الاولاد أن يكونوا من زينة الحياة الدنيا، انما يتمنانهم المرء ليكونوا قرة عين في الحياة، وامتدادا للأجر بعد الوفاة.

ولكن الأماني لا تتحقق، فان أقر بعضهم العين، كان بعضهم الآخر قذى في العين وشوكة في الحلق وغصة في القلب.

أليس من عداوته أن تريد له السعادة في الدنيا والفوز في الآخرة فترى منه الاصرار على الغواية، وسيرا على منهج ذلك الغوي الذي حدثنا عنه القرآن الكريم

(وَالَّذِي قَالَ لِوَالِدَيْهِ أُفٍّ لَكُمَا أَتَعِدَانِنِي أَنْ أُخْرَجَ وَقَدْ خَلَتِ الْقُرُونُ مِنْ قَبْلِي وَهُمَا يَسْتَغِيثَانِ اللَّهَ وَيْلَكَ آمِنْ إِنَّ وَعْدَ اللَّهِ حَقٌّ فَيَقُولُ مَا هَذَا إِلَّا أَسَاطِيرُ الْأَوَّلِينَ(17)) (الأحقاف ١٧)

وليس من العجيب أن نجد من الولد عداوة ونجد من الوالدين عفواً وصفحاً، وان نجد منهما اصراراً على عودة الولد إلى جادة الصواب، فالفطرة والدين يدعوان إلى ذلك، ولكن مع ذلك ينبغي الحذر عندما تستبين العداوة والبراءة من عدو اللـه وعدو الوالدين.

أولم يـتـبرأ أبو الأنـبـياء ابراهيم من أبيه (وَمَا كَانَ اسْتِغْفَارُ إِبْرَاهِيمَ لِأَبِيهِ إِلَّا عَنْ مَوْعِدَةٍ وَعَدَهَا إِيَّاهُ فَلَمَّا تَبَيَّنَ لَهُ أَنَّهُ عَدُوٌّ لِلَّهِ تَبَرَّأَ مِنْهُ إِنَّ إِبْرَاهِيمَ لَأَوَّاهٌ حَلِيمٌ(114)) (التوبة- ١١٤)

من الحذر عدم الإستسلام لضلال الولد، كأن يكون تاركاً للصلاة أو محاداً لله ورسوله، ويظل يمده بالمال الذي يزداد به غياً.

الحياة ابتلاء ومن ألوان الابتلاء أن يصاب المرء في آماله التي كان يعلقها على ولده.

صـــلابة الآبـــاء

ليس أيسر من الحديث، فكثير من الناس يحسنون التنظير ولكن كم منا من يستطيع أن يحول افكاره ونظرياته الى واقع في حياته وحياة أسرته ؟

إن الخيبة تكون كبيرة حين يكتشف الانسان أن ما زرعه في أولاده من القيم وما أرادهم عليه من المبادىء قد ضاعت أو لم تتحقق بالمستوى المرجو، أو حين يجد لأولاده موازين مختلفة عن موازينه وأشق ما يكون ذلك في موازين الزواج، حين يريد الابن أن يختار زوجة لا تناسب أسرته في اكثر من جانب.

وقع شاب في هوى زميلة له في الجامعة، وامتدت بهما العلاقة سنوات، حتى إذا تخرج وبدأ الحياة العملية، أسر الى أمه بالأمر، وطلب منها أن تسعى الى اقناع والده بخطبتها، والوالدة أحيانا أقرب الى العاطفة، وأسرع في هوى الأبناء حرصاً عليهم ورغبة في تحقيق سعادتهم، وصعق الوالد عندما عرف بالأمر ذلك لأنه رفض مبدأ هذه العلاقة من جانب، ورفض المصاهرة من أسرة لا يرى بين أسرته وبينها تكافُؤ وأخذ الابن في الضغط على والديه من خلال مواقف انفعالية حاول بها

التأثير عليهما، وسيطر على الأسرة جو من القلق المؤذي نفسياً وصحياً، وامتد الأمر مدة، وكأنما كان كل طرف يعتمد على الزمن عاملاً لاضعاف موقف الطرف الآخر.

ولم يكن باستطاعة الابن أن يتصرف وحده، فقد اشترط أهل الفتاة حضور والديه للبحث في الأمر وأصر الوالدين على الرفض.

ومرت فترة عصيبة تدخل بها الأقارب، وكانت فرصة للابن للتفكير العميق في امره.

فهل يستطيع أن يفرض الزواج على أسرته ؟ وهل يستطيع أن يعيش في جو غير سوي بين اسرتين غير متوافقتين ؟

ان اصراره على الزواج من تلك الفتاة يعني الانفصال عن اسرته، وشيئا فشيئا أخذ كابوس الهوى بالانحسار وأخذت الغشاوة بالزوال عن بصره.

لقد كان لصلابة الوالدين أثر في رد الابن الى جادة الصواب فلو اخذتهما العاطفة ووقعا تحت تأثير الحالة النفسية التي كان يصطنعها الابن لندما، ولندم الابن الذي سيكتشف بعد الزواج أن هذه الفتاة التي تعلق بها ليست هي الزوجة المطلوبة.

القسوة مطلوبة أحيانا، وهي كقسوة الجراح الذي يستأصل الألم بالمبضع، مع خلاف في وجهات النظر بالنسبة لهذه القصة.

مسؤولية الوالدين اتجاه الذرية

وضع النبي صلى الله عليه وسلم لمن يقبل على الزواج اساسا يقيس عليه الزوجة فقال:"ما استفاد المؤمن بعد تقوى الله خيرا له من زوجة صالحة ان امرها طاعته وان نظر اليها سرته وان غاب عنها حفظته في نفسها وماله"

وجاء في حديث اخر:"فاظفر بذات الدين ترتب يداك"

هذا التوجيه النبوي لا بد أن يثمر في اقامة اسرة صالحة طيبة ترفرف عليها السعادة ويجد كل من الزوجين لدى الاخرالسكن والمودة والرحمة.

والاسرة الطيبة كالبلد الطيب يخرج نباته بإذن ربه فتكون الاسرة محضنا يخرج الصالحين والصالحات من ابناء المجتمع.

ولكننا نجد أن بعض الصالحين يخرج من ابنائهم من ليسوا على شاكلتهم علماً وديناً بل نجدهم كنبتة الشوك في حوض من الزهر. ونجدمن يبحث عن العلل والمخارج فيقول لك: ليس في هذا عجب فمن ابناء الانبياء من كان كافراً وهذا من

الابتلاء واذا كان لهذه التعليلات وجه فان هناك تعليلاً لابد من التنبه إليه وهو وجود تقصير من بعض الصالحين في الإلتفات إلى أبنائهم تعليماً وتهذيباً.

ووجود تقصير وضعف الامهات الصالحات عن متابعه ابنائهن والقيام بدور التربية المنوط بهن فإذا كان الاب مشغولاً بعمله ودعوته فإنه إنما اختار الزوجة الصالحة التي تنوب عنه وتقوم بواجبها في التربية الصالحة وإن لم تفعل ذلك فما فضل صلاحها.

إن من المظاهر القاتلة في حياة الأُسرة أنْ تضعف الام عن القيام بواجبها وان تكون ظلاً لشخصية الاب في التربية فلا تعالج المشكلات بنفسها بل تحملها الى الاب فيصبح موقفها ضعيفاً أمام ابنائها.

لابد أنْ يكون الاب على علم بكل ما يجري ولكن لابد ان يكون للام دور تنفيذي في معالجة كثير من المشكلات وعليها أن تتشاور دائماً مع الاب في كل ما يعين على اخراج ذرية صالحة، أن العلاج قد يصبح وهماً لدى بعض الاباء والامهات، يحول بينهم وبين اخراج ابناء صالحين كما يحبون ولذا نراهم يلقون بتبعة فساد الابناء على المجتمع والصحبة وينسون انفسهم وتلك احدى مشكلات الحياة العامة والحياة الاسرية بخاصة نسيان التقصير الذاتي والقيام بنقد الذات.

الآباء والأبناء أساس الحياة الاجتماعية

فالابناء ثمرة الزواج، والزواج ثمرة الاستجابة لنداء الفطرة التي فطر الله الناس عليها ليستمر النسل على الارض إلى ماشاء الله .

والذرية مطلب من مطالب الحياة الزوجية ولا يقر قرار الزوجين حتى يرزق بما كتب الله لهما لان في الذرية امتداداً مادياً للانسان كامتداد اغصان الشجرة وبافتقادها يحس الانسان بالعقم.

والعقم انقطاع النسل وفناء للذكر والامتداد، والذرية زينة الحياة الدنيا.

قال تعالى: (الْمَالُ وَالْبَنُونَ زِينَةُ الْحَيَاةِ الدُّنْيَا)(الكهف-٤٦)

قال تعالى: (زُيِّنَ لِلنَّاسِ حُبُّ الشَّهَوَاتِ مِنَ النِّسَاءِ وَالْبَنِينَ) (ال عمران-١٤).

والمتوقع ان يكون في الذرية قرة للعين تقربها القلب وينشرح الصدر.

قال تعالى(وَالَّذِينَ يَقُولُونَ رَبَّنَا هَبْ لَنَا مِنْ أَزْوَاجِنَا وَذُرِّيَّاتِنَا قُرَّةَ أَعْيُنٍ وَاجْعَلْنَا لِلْمُتَّقِينَ إِمَامًا (74))(الفرقان-٧٤) ومن افتقد الولد في ذريته بحث عنه في ولد يتبناه كقول امراة فرعون

قال تعالى (وَقَالَتِ امْرَأَةُ فِرْعَوْنَ قُرَّةُ عَيْنٍ لِي وَلَكَ لَا تَقْتُلُوهُ عَسَى أَنْ يَنْفَعَنَا أَوْ نَتَّخِذَهُ وَلَدًا وَهُمْ لَا يَشْعُرُونَ (9)) (القصص-٩)

ولكن هل يكون الابناء كذلك دائما؟ وهل ظهور السوء في للاولاد ثمرة تقصير الاسرة؟

قبل أنْ ندخل في التفصيل لابد من الاشارة الى نماذج ذكرها القران الكريم في هذا الشأن ان المثل البارز ابن نوح عليه السلام فنوح نبي رسول من أولي العزم، ولكن أبنه لم يكن على طريق الهداية وما أظن القران الكريم ذكره و الـلـه اعلم الا ليقول قد يكون من ظهر الصالح شقى، وما يظن عاقل أن نوح عليه السلام قصر في رعاية أبنه وتوجيهه ودعوته الى الخير، وكذلك ما ورد في سورة الكهف في قصة موسى والرجل الصالح الذي قتل الغلام ولما كشف سر الفعل لموسى.

قال تعالى (وَأَمَّا الْغُلَامُ فَكَانَ أَبَوَاهُ مُؤْمِنَيْنِ فَخَشِينَا أَنْ يُرْهِقَهُمَا طُغْيَانًا وَكُفْرًا(80))(الكهف-٨٠)

فما كان لدى هذا الطفل من شقاء لم يكن ثمرة تقصير من الوالدين، إن نعم الـلـه على الانسان كثيرة ومن أجلها كما قال الشاعر :

نعم الإله على العباد كثيرة   واجلهن نجابة الاولاد

فمن تحققت له هذه النعمة واستقام اولاده وسعدوا في دينهم ودنياهم فما اسعده والا فذلك بعض الابتلاء.

العلاقة بين الطرفين

لقد تغيرت قواعد اللعبة فالكثيرمن الاسر في عصرنا الحديث فقد حلت قيم واداب جديدة، تخلخلت الاسرة وتراخت الروابط الاجتماعية بين افراها. ويمكن أنْ ننظر الى زاوية من هذا التغيير في العلاقة بين الوالدين والابناء، كانت للأب حتى وقت قريب سلطة مطلقة في البيت وكانت له صولة وهيبة اذا دخل سكنت الحركات وخشعت الاصوات يحدثه الأبناء في أدب وتواضع يحسبون الحساب قبل أن تخرج الكلمة وقبل أن ترتفع الضحكة وإذا دخلوا أو خرجوا قدموا الوالد والأكبر فالأصغر، يجتمعون حول الاب والام اجتماع زغب العصافير حول العش لايقطعون برأي قبل أنْ يستشار الاب وتستأذن الام ويعدون ذلك سبيلاً من سبل البر وحقاً من حقوق الأب ووسيلة لإرضاء الأم.

لقد ازدادت سلطة الابناء وتراجعت سطوة الآباء وإن كثيراً من الآباء اليوم يسعون إلى مرضاة أبنائهم مع تسخط الأبناء أو تمردهم على السلطة الأبوية ولهم سلسلة من المطالب لا تنتهي.

وتراجعت الآداب التي كان يلتزمها بعض ابناء الاجيال السابقة في الحديث والجلوس والاستئذان وغير ذلك من شؤون الحياة.

ويبدو أن ذلك ناتج عن دخول عوامل جديدة في التأثير على الابناء فلم يعد الاب هوالنموذج الاعلى أو القدوة والمثل المؤثر في السلوك. ولم تعد الاسرة هي مصدرة التلقي للافكار والمبادئ والقيم .

هذا فضلاً عن طبيعة العصر الذي يدفع الى التشتت لا الاجتماع، إن ايقاع الحياة السريع والعولمة والاتصالات جعلت من العالم قرية صغيرة بفضل التقدّم في وسائل الإعلام الحديثة مما دفع الأبناء للإطلاع على أنماط السلوك في الأمم الأخرى مما أدى الى كثير من التغيير في العلاقات الأُسرية تغيّر في بعض جوانبه ايجابيات ولكنه لا يخلومن الكثير من السلبيات.

أنت ومالك .. لأبيك

جمعتني به جلسة دار فيها موضوع الأولاد في هذا الزمان وكيف كان الأب قبل عقود من الزمن يعلم أولاده وهو يرجو أن يكونوا عوناً له في الحياة ثم تغيرت الأحوال فصار الأب لا يستطيع أن ينقطع عن مساعدة أبنه حتى بعد تخرجه وحصوله على الشهادة الجامعية وعمله.

فالاحوال الاقتصادية في كثير من البلاد العربية والاسلامية لا تعين على الاستقلال الاقتصادي للشباب الابعد سنين طويلة، ولو وقف الامر عن هذا الحد لكان هيناً ذلك أنْ الوالدين ينذران نفسيهما لأولادهما ويقدمان العطاء بلا حدود وفي كثير الاحيان بلا انتظار الجزاء أو شكور إلا من كلمة طيبة أو اعتراف بالجميل أو طاعة في المعروف.

حدثني ذلك الصديق عن بعض حاله فهو يعمل في أحدى دول الخليج منفرداً عن أسرته التي تقيم في بلد عربي آخر وهو يعمل في اكثر من مجال ليوفرلهم الحياة الكريمة وها هو ابنه صيدلي وابنته طبيبة وأبنه الآخر طالب في الجامعة

وابناء اخرون على الطريق، أعان ابنته في تجهيز عيادتها الخاصة، وأعان ابنه في شراء صيدلية، ونظر الى مستقبله، فأبنته في طريقها إلى الزواج، فماذا عن نصيبه في العيادة؟ وأبنه مقبل على الزواج،فماذا عن نصيبه في الصيدلية ؟

لم يجد حرجاً في أنْ يكتب بينه وبين ابنته عقد يثبت به حقه في عيادتها وعرض على ابنه ان يجعله شريكاً في الصيدلية فرفض الابن ووجد نـفسه مضطراً إلى أن يكتب عقد آخر بينه وبين أبنه.

وقال له: يابني؛ أنت اليوم أعزب وغداً ستتزوج وإذا ما عدت إلى بلدي ولم أجد مورداً يا بني إن طلبت منك مبلغاً من المال أعطيتني اول مرة ثم اذا طلبت ثانية نظرت الي نظرة لا أحبها واذا طلبت منك الثالثة ستردني، ولذلك لابد من أن أحفظ حقي في مالي، وأعينك على بناء حياتك.

استمعت اليه وانا اقول لقد انقلب القانون النبوي فليس الولد وماله لأبيه بل الأب وماله لأولاده.

سبحان اللـه.

دور الأب في حياة أولاده

الأب والأم كأي رجل وامرأة يختلفان تماماً في طريقة تفكيرهما وتصرفاتهما ازاء اي موقف يقابلهما.

فالرجل يفكر في الأهداف أولاً ما هي المهام التي يجب ان يقوم بها؟ وبالتالي فإن أقامته لأي علاقة مع شخص ما تتحدد ونتيجة للهدف الذي يريده، فالمرأة تريد ان تحقق هدفها بالاهتمام بمن حولها بالدرجة الاولى على عكس الرجل فان اختياره في علاقته بمن حوله دائما ما تخدم تحقيق اهدافه.

وكما أن الاب والام مختلفان في طريقة تفكيرهما فانهما يختلفان في نوعية وكيفية تأثيرهما في ابنتهما، نبدأ بدور الاب فمن لحظة الولادة تحتاج البنت لأبيها كمصدر للأمان والثقة والتحدي والسلطة والقوة وعالم العمل والمال وتوازن العلاقات وتحمل المسؤولية والمخاطرة وتقييم الذات وهذا يحتاج الى اقترابها منه بصورة كبيرة وقديماً كانت علاقة الأبنة بأبيها تحدد بصورة رسمية فكان يسمح لها أن تجلس معه لحظات محدودة بعد أن يكون قد عاد من عمله منهكاً وأخذ قسطاً من الراحة فتأتي لتقدم له التحية وهي في أبهى ملابسها ثم تبتعد من جديد، وكانت الاسر

تفضل هذه الطريقة لتظل للاب هيبة وسلطة فتخشاه الفتاة، أما الآن فقد اكتشف الآباء أن هذه الوسيلة تسرق من الابنة احساسها بالامان ويفقد الاب قدرته على ان يسوسها وليس هذا فقط بل إنَّ ذلك يؤثر في علاقتها مع أي رجل فيما بعد وكلما ابتعد الأب عن أبنته كان همها الاول لفت انتباهه بحياء وطرق غير مباشرة.

يقول أحد الآباء: اكتشفت مكاناً رائعاً على الشاطئ كنت اذهب هناك مصطحباً أبنتي اقرأ في كتاب واتركها لتلعب في الرمال وكانت تنادي لأنظر إلى ما تفعله فكنت أومئ برأسي ثم اعود للقراءة ولكنني تنبهت الى صوتها الذي يزداد اصراراً فتركت الكتاب جانباً وشاركتها الحفرة ببناء قلعة رملية عالية وبعد ساعة نظرت الى ابنتي فوجدت وجهها وعينيها تشعان سعادة .

هذا الأب أخطأ في البداية فالابنة عندما كانت تذهب معه الى البحر كانت تظن انها ستحظى باهتمام والدها الكامل ولكنها لاحقا شعرت أنه موجود بجسمه فقط، وهذا يشعرها أنها ذات اهمية وتتساءل لماذا فقد اهتمامه بي؟ وكيف أكتسبه من جديد؟ وما الذي علي ان أغيره في نفسي ؟ وبالتأكيد هذة التساؤلات تقود الفتاة لعدم الثقة بنفسها وهي المشكلة الأكثر انتشاراً بين الفتيات والتي تبدأ بالظهور مبكراً تبعاً لنوعية العلاقة بين الأب والأبنة.

فدور الأب في حياة ابنته ضروري وعلية أنْ يعدل في التربية بين الجنسين فيكفي أن الابنة اذا احسنت تربيتها كانت لك ستراً من النار وتحاجج الابنة الصالحة ربها وتقول ربي احسن تربيتي.

سبحان الـلـه

أساسيات الأسرة السعيدة

١-التفاهم ما بين الزوجين هو أساس نجاح العملية التربوية وحل الخلافات بعيداً عن الأولاد.

٢-تطبيق أساليب التربية الحديثة معتمدين على الشرع القويم.

٣-التوجية المستمر القائم على الحوار والاقناع.

٤-التوازن بين المكافأة والعقاب (التعزيز والتعزير) مع بيان سبب كل واحدة.

٥-تلقين الابناء عبارات تخفف من الاسلوب العصبي قائمة على الأدب والاحترام مثل:- لو سمحت - أرجو منك - من فضلك.

٦-إعطاء الاطفال قسطاً من الاستقلالية والحرية المتابعة وتحقيق الذات وواجب اتجاه اسرته واحترام رأيه والمشاورة له والمشاركة الفاعلة له.

٧-استخدام الضرب للتأديب دون الايذاء مع بيان السبب.

٨-مشاركةالابناء في اللعب والتقرّب منهم ومحاورتهم.

٩-اجتماع عائلي لتحدّث عن امور الدراسة والمنزل وبناء الخطط المستقبلية.

١٠-زرع الوازع الديني في قلوب الاطفال والحرص على تحفيظهم القرآن والادعية.

١١-مشاركتهم في مشاريعهم ورحالتهم والحرص على أن تكون موجهاً بأسلوب الحوار والاقناع.

فن التعامل الأسري

جهل المرء ببعض الأمور قد يمنعه من محاولة تغيير نفسه للأفضل والجهل ليس المشكلة لأنه متى تعلم المرء الطريق والاسلوب الذي يستطيع به التغيير سينفذ ما تعلمه.

هناك اربعة اسباب تمكنك من تغيير نفسك .

١- العلم - ضد الجهل .

٢- الارادة والعزيمة - ضد اليأس والاحباط .

٣- الايمان بالله - ضد الاستسلام والخنوع .

٤- تحمل الامانة والمسؤولية - ضد الاهمال واللامبالاة .

١- العلم

اذا تعلمت الام ان التجاهل في حالة الشجار مع ابنتها سيحل المشكلة لأنه بالتجاهل سيخفي الاثارة في الموقف وبالتالي تخمد نار الشجار لأنه لا وقود لها فان الام بهذا تكون قد تعلمت مهارة مكنتها من الحصول على نتائج فورية متمثلة في انهاء الشجار.

٢- الارادة والعزيمة.

إن التغيير نحو الافضل ينبع من الداخل ويتمثل في ضعف العزيمة والارادة فعند تغيير أسلوب الزوجة مع زوجها نحو الأفضل بحيث يقوم على الطاعة والاحترام فان ذلك سيؤدي الى نتائج أفضل المهم أنَّ التغيير ينبع من الداخل ومحاسبة النفس واحترام الذات، والنتازل لله سبحانه.

٣- الايمان بالله يقوي العزيمة.

فضعف العزيمة علاجها الايمان بالله، فالمؤمن القوي تقوى عزيمته وارادته، فثقتك بالله تعالى، وان الـلـه لا يضيع أجر من أحسن عملاً، سيدفعك لأن تحاول التغيير بأمانة ويكون ضميرك الحكم، فأنت تفعل ما استطعت وترك النتائج في يدي الـلـه عزوجل وكلك ثقة ن الـلـه لا يضيع أجرك، وهذا الإيمان هو المقوي الوحيد للعزيمة والارادة.

ودينننا الاسلامي مليء بالطرق والاخلاق والاساليب التي تساعدنا في ذلك، ولكن للأسف كثير من الاباء لا يطبقون ذلك ولا يراعون الـلـه في ابنائهم.

٤- الأبناء - مسؤولية وأ مانة.

الأبناء مسؤولية وأمانة في اعناقنا سنحاسب على طرق تربيتنا لهم، ولا نحاسب على تصرفاتهم ونتائجها،ولكن من المؤسف أن نرى بعض الآباء المسلمين يفرطون في تلك الامانة، فيعاملون ابناءهم بطريقة سيئة بالرغم من أن الدين الاسلامي ثري بالمعاملات الحسنة وطرق التربية والمبادئ الاسلامية الطيبة ولنا في رسول الـلـه والانبياء والصحابة القدوة الحسنة.

لنحدد الجوانب الايجابية في المعاملات والسلوكيات والتصرفات فنداوم عليها ثم ننظر الى الجوانب السلبية ونقاط الضعف لنصلح منها ما استطعنا.

أمور اساسية في التعامل مع طفلك وأنت تمارس التربية الحديثة.

١- التشجيع وعدم توقع الكمال من الطفل.

٢- الحرص على أنْ يكون دافعنا للتقدّم هو مرضاة رب العالمين وليس للتفوّق على الأقران فهدفنا هو الصلاح وليس العلو في الارض.

٣- الخطأ وسيلة مفيدة للتعلم فالخطأ لا يعني الفشل.

٤- لا يمكن تحاشي الأخطاء في اغلب الحالات والمهم كيف نتصرف بعد وقوع الخطأ تبعا لما يرضي الـلـه ورسوله، قال رسول (صلى الـلـه عليه وسلم): كل ابن آدم خطآء وخير الخطائيين التوابون.

٥- من الضروري أن نعرف حدود قدرتنا وواجباتنا ولا نأخذ على عاتقنا اصلاح كل شيء في آن واحد، فخير العمل أدومه وإن قل.

٦- حسن الظن بالله لمواجهة التحديات في الحياة الصعبة.

سعادة ابنك من خلال حوارات مشتركة

ان هناك خمسة انواع للحوارات تحدد سعادة ابنك اوتعاسته.

١- **الاوامر، متى تستخدم الاوامر؟**

أ- عند ميعاد النوم.

ب- الدراسة.

ج- الأمور التي لا يوجد فيها وجهات نظر.

د- في الامور الخطرة.

وعليك أن تحرص انْ تكون هذه الأوامر بصورة حسنة يتقبلها الابن.

٢- **التوجيه، متى نستخدم التوجيه؟**

عند التنبيه: تمر بالابن كثير من المخاطر المتعلقة بالدراسة والحياة الشخصية والاصدقاء وهنا لا مانع من التوجيه بجمل قصيرة.

عند التصحيح: عندما يخطئ الابن في السلوك بلفظة أو حركة فتستخدم التوجيه.

ج- عند النصح: سواء كان مباشراً أو غير مباشر ويمكن النصح المباشر لمن هو في عمر الخامسة الى التاسعة لكن بعد التاسعة تستخدم التلميح والتنويه.

٣- التعاطف: والتعاطف له شقان.

١- مشاعر بلا حقيقة .

٢- حقيقة بلا مشاعر.

اذا أتى الطفل شاكياً وباكياً من مدرِّسة الذي عاقبه فان أمه تحضنه وتبدأ في لوم المدرِّس دون أنْ تسمع الحقيقة وتتوعد أنها ستذهب لتؤدب هذا المدرِّس وهذا التعاطف سلبي.

وعندما يكون التعاطف فقط حقيقة دون مشاعر تستمع الأم للحقيقة دون أن تشارك الأبن أي مشاعر لا بالإيجاب ولا بالسلب وهذا النوع أيضا تعاطف سلبي.

متى يكون التعاطف ايجابيا؟

عندما تخفف بتعاطفك الضغط النفسي عن الابن يكون تعاطفك ايجابياً ويحتاج هذا منك استيعاب الموقف والاستماع الى ملابسات الحادثة وطرح الحلول التي من شأنها أنْ تخفف من هذا الضغط النفسي.

ويمكنك ان تستخدم التعاطف للاعلان عن حبك لابنائك فكلمات مثل (أنا أحبك) (ومشتاق لك) أو فرك الشعر والتقبيل والاحتضان كلها تعد حوارات تعاطفية سواء كانت لفظية أو حركية، وننصح الآباء أنْ يمارسوها مع ابنائهم مهما كبر سن الأبناء.

٣- الرواية

أحيانا يصاب الابناء بالاكتئاب من كثرة المحاضرات والروايات والقصص مما يؤدي الى الانعزال وربما سلوكيات سلبية.

متى وكيف نستخدم الرواية؟

استخدام الرواية يكون بشكل محدد وفي وقت مناسب للابن، فليسأل الأب أبنه هل عندك وقت؟ أو هل تود سماع الحكاية الفلانية؟ وأن لم يكن هناك وقت تؤجل الحكايات لوقت اجتماع الاسرة أو أثناء ركوب السيارة في طريقك للمدرسة أو قبل الذهاب إلى النوم.

ابنك هو سلوكك

ان احساس الطفل بنفسه يأتي من خلال معاملتك له، فان أنت أشعرته أنه (طفل طيب) وأحسسته بمحبتك، فانه سيكوّن عن نفسه فكرة أنه إنسان طيب مكرم، وإنه ذو شأن في هذه الحياة، أما اذا كنت قليل الصبر معه افتشعر بأنه طفل غير طيب، وتنهال عليه دوما باللوم والتوبيخ فإنه سينشأ على ذلك، ويكون فكرة سلبية عن نفسه وينتهي الامر إما بالكآبة والإحباط أو بالتمرد والعصيان.

وإذا رأيته يفعل اشياء لا تحبها أو أفعالا غير مقبولة فأفهمه أن العيب ليس فيه كشخص، بل ان الخطأ في سلوكه وليس منه كانسان، قل له "لقد فعلت شيئا غير صحيح "بدلا من ان تقول له (انك ولد سيئ).

ومن الأهمية ان يعرف الوالدان كيف يتجاوبان برفق وحزم في آن واحد مع مشاعر الطفل، فلا مواجهة حادة بالكلام أو الضرب ولا مشاجرة بين الأم وابنها إنما باشعاره بحزم أن ما قاله شيء سيء لا يمكن قبوله، وأنه لن يرضى هو نفسه عن هذا الكلام.

ولا يعني ذلك أن يتساهل الوالدان بترك الطفل يفعل ما يشاء بل لابد من وجود ضوابط واضحة تحدد ما هو غير مقبول، وماهو مقبول، ومن حق الطفل أن يعبر عن غضبه بالبكاء أو الكلام، ولكن لا يسمح له أبدا بتكسير الادوات في البيت أو ضرب أخوته ورفاقه.

لايمكن للتربية أن تتم دون حب، فالاطفال الذين يجدون من والديهم عاطفة واهتماماً ينجذبون نحو ويصغون اليه بسمعهم وقلبهم ولهذا ينبغي على الابوين أنْ يحرصا على حب الاطفال، ولا يقوما باعمال تبغضهم بهما،كالاهانة والعقاب المتكرر والاهمال وحجز حرياتهم،وعدم تلبية مطالبهم المشروعة، وعليهما اذا اضطرا يوما الى معاقبة الطفل أن يسعيا لاستمالته بالحكمة لئلا يزول الحب الذي لا يتم دونه وليس معنى الحب أن يستولي الاطفال على الحكم في البيت أو المدرسة، يقومون بما تهوى أنفسهم دون ردع أو نظام، فليس هذا حبا، وان حب الرسول "صلى الله عليه وسلم" لاصحابه لم يمنعه من تكليفهم بالواجبات وسوقهم الى ميادين الجهاد، وحتى انزال العقوبة بمن أثم وخرج على حدود الدين وكل ذلك لم يسبب فتوراً في محبة الصحابة لنبيهم، بل كانت تزيد من محبتهم وطاعتهم لنبيهم، ويحتاج الاب كي يظفر بصداقة أبنائه الى عطف زوجته واحترامها له، فالزوجة الصالحة التي تشعر أبناءَها في كل وقت بعظمة أبيهم، وتقودهم لى احترامه وحبه، وتؤكد في أنفسهم الشعور بما يملك من جميل المناقب والخصال، وهي تقول للطفل (تمسك بهذا الخلق فانه يرضي أباك وتجنب ذلك الخلق فانه يغضب ربك ثم يغضب أباك).

إذا أتاك ابنك ليحدثك عما يجري معه في المدرسة، فهو يريد ان يقول ما يشعر به من أحاسيس ويريد أنْ يعبر عن سعادته وفرحه بشهادة التقدير التي نالها. أعطه اهتمامك إنْ هو أخبرك أنه نال درجة كاملة في ذلك اليوم في امتحان مادة ما، شجعه على المزيد من أنْ يشعر أنك غير مبال بذلك ولا مكترث لما يقول.

وأسوأ شيء في مدارسنا المراقبة المتصلة التي تضايق الطفل وتثقل عليه، فاترك له شيئا من الحرية واجتهد في اقناعه بأن هذه الحرية ستسلب إذا أساء استعمالها، لاتراقبه ولا تحاصره، حتى إذا خالف النظام فذكره،بأن هناك رقيباً، إن الطفل يشعر بدافع قوي للمحاربة من أجل حريته، فهو يحارب من أجل أن يتركه الاب يستخدم القلم بالطريقة التي يهواها، ويحارب من أجل ألايستسلم لاتداء الجوارب بالاسلوب الصحيح والحقيقة الأساسية أنَّ الابن يحتاج إلى أن تعلمه كل جديد من دون أن تكرهه عليها.

وكثيراً ما نجد الطفل يتلكأ، بل قد يبكي ويصرخ وعندما تطلب منه الأم بلهجة التهديد أن يذهب ليغسل يديه أو أن يدخل الحمام ولكن الابن لو تلقى الامر بلهجة هادئة، فيستجيب بمنتهى الهدوء، فكلما زاد على الطفل الالحاح شعر بالرغبة في العناد وعدم الرغبة في القيام بما نطلب منه من اعمال.

وبعض الآباء يتفاخرون بأن ابنائهم لايعصون لهم أمراً، ولا يفعلون شيئاً يؤمروا به.

والبعض الآخر يتعامل مع أطفاله وكأنهم ممتلكات خاصة لا كيان لهم وآخرون يكلفون أبناءهم فوق طاقتهم، ويحملونهم المسؤوليات ما لايطيقون في كل هذه الحالات مغالاة، وبعد عن الاسلوب الحكيم في التربية "خير الامور أوسطها"، فمن الضروري التقليل من التوبيخ والرقابة الصارمة على الاطفال.

ينبغي أن تكون معاملة الوالدين ثابتة على مبادئ معينة، فلا تمدح اليوم ابنك على شيء زجرته بالامس على فعله، ولا تزجره ان عمل شيئا مدحته بالامس على فعله، ولا ترتكب أبدا ما تنهى طفلك عن ايتائه.

من اتفاقية حقوق الطفل

اعتمدت وعرضت للتوقيع وللتصديق والانضمام بموجب قرار الجمعية العامة للأمم المتحدة ٢٥/٤٤ المؤرخ في ٢٠ تشرين الثاني/نوفمبر ١٩٨٩ـتاريخ بدء النفاذ: ٢ أيلول / سبتمبر ١٩٩٠، وفقا للمادة ٤٩.

أن الدول الاطراف في هذه الاتفاقية اذ ترى أنه للمبادئ المعلنة في ميثاق الامم المتحدة، يشكل الاعتراف بالكرامة المتأصلة لجميع أعضاء الاسرة البشرية وبحقوقهم المتساوية وغير القابلة للتصرف،أساس الحرية والعدالة والسلم في العالم.

واذا تضع في اعتبارها أن شعوب الامم المتحدة قد أكدت من جديد في الميثاق ايمانها بالحقوق الاساسية للانسان وبكرامة الفرد وقدره،وعقدت العزم على أن تدفع بالرقى الاجتماعي قدماً وترفع مستوى الحياة في جو من الحرية أفسح، وإذ تدرك أن الامم المتحدة قد أعلنت، في الاعلان العالمي لحقوق الانسان وفي العهدين الدوليين الخاصين بحقوق الانسان، أن لكل انسان حق التمتع بجميع الحقوق والحريات الواردة في تلك الصكوك، دون أي نوع من أنواع التمييز، كالتمييز بسبب العنصر أو

اللون أو الجنس أواللغة أو الدين أو الرأي السياسي أو غيره أو الاصل القومي أو الاجتماعي أو الثروة او المولد أو أي وضع آخر، واتفقت على ذلك.

وإذ تشير الى أن الأمم المتحدة قد أعانت في الاعلان العالمي لحقوق الانسان أن للطفولة الحق في رعاية ومساعدة خاصتين، واقتناعاً منها بأن الأسرة، بإعتبارها الوحدة الاساسية للمجتمع والبيئة الطبيعية لنمو ورفاهية جميع أفرادها وبخاصة الاطفال، ينبغي أن تولى الحماية والمساعدة اللازمتين لتتمكن من الاضطلاع الكامل بمسؤولياتها داخل المجتمع.

واذ ترى أنه ينبغي اعداد الطفل اعداداً كاملاً ليحيا حياة فردية في المجتمع وتربيته بروح المثل العليا المعلنة في ميثاق الامم المتحدة، وخصوصا بروح السلم والكرامة والتسامح والحرية والمساواة والاخاء.

وإذ تضع في اعتبارها أن الحاجة الى توفير رعاية خاصة للطفل قد ذكرت في اعلان جنيف لحقوق الطفل لعام ١٩٢٤ وفي اعلان حقوق الطفل الذي اعتمدته الجمعية العامة في ٢٠ تشرين الثاني/ نوفمبر ١٩٥٩ والمعترف به في الاعلان العالمي لحقوق الانسان وفي العهد الدولي الخاص بالحقوق المدنية والسياسية (ولا سيما في المادتين ٢٤،٢٣) وفي العهد الدولي الخاص بالحقوق الاقتصادية والاجتماعية والثقافية (ولا سيما في المادة ١٠) وفي النظم الاساسية والصكوك ذات الصلة للوكالات المتخصصة والمنظمات الدولية المعينة بخير الطفل.

وإذ يضع في اعتبارها" أن الطفل، بسبب عدم نضجه البدني والعقلي، يحتاج الى اجراءات وقاية ورعاية خاصة، بما في ذلك حماية قانونية مناسبة، قبل الولادة وبعدها" وذلك كما جاء في اعلان حقوق الطفل.

واذ تشير الى أحكام الاعلان المتعلق بالمبادئ الاجتماعية والقانونية المتصلة بحماية الاطفال ورعايتهم، مع الأهتمام الخاص بالحضانة والتبني على الصعيدين الوطني والدولي، وإلى قواعد الامم المتحدة الدنيا النموذجية لادارة شؤون قضاء الاحداث (قواعد بكين)، وإلى الإعلان بشأن حماية النساء والاطفال في أثناء الطوارئ والمنازعات المسلحة.

واذ تسلم بأن ثمة، في جميع بلدان العالم، أطفالا يعيشون في ظروف صعبة للغاية،وبأن هؤلاء الاطفال يحتاجون الى مراعاة خاصة.

واذ تأخذ في الاعتبار الواجب أهمية تقاليد كل شعب وقيمة لحماية الطفل وترعرعه ترعرعاً متناسقاً، واذ تدرك أهمية التعاون الدولي لتحسين ظروف معيشة الاطفال في كل بلد، ولا سيما في البلدان النامية، قد اتفقت على ما يلي:

الجزء الاول

المادة ١

لاغراض هذه الاتفاقية، يعني الطفل كل أنسان لم يتجاوز الثامنة عشرة، ما لم يبلغ سن الرشد قبل ذلك بموجب القانون المنطبق عليه.

المادة ٢

١- تحترم الدول الاطراف الحقوق الموضحة في هذه الاتفاقية وتضمنها لكل طفل يخضع لولايتها دون أي نوع من أنواع التمييز، بغض النظر عن عنصر الطفل أو والديه أو الوصي القانوني عليه، أو لونهم أو جنسهم أو لغتهم أو دينهم أو رأيهم السياسي أو غيره أو أصلهم القومي أو الاجتماعي، أو ثروتهم، أو عجزهم، أو مولدهم، أو أي وضع آخر.

٢- تتخذ الدول الاطراف جميع التدابير المناسبة لتكفل للطفل الحماية من جميع أشكال التمييز أو العقاب.

المادة ٣

١- في جميع الاجراءات التي تتعلق بالأطفال، سواء قامت بها مؤسسات الرعاية الاجتماعية العامة أو الخاصة، او المحاكم أو السلطات الادارية أو الهيئات التشريعية، يولي الاعتبار الاول لمصالح الطفل الفضلى.

٢- تتعهد الدول الأطراف بأن تضمن للطفل الحماية والرعاية اللازمتين لرفاهه، مراعية حقوق وواجبات والديه أو أوصيائه أو غيرهم من الافراد المسؤولين قانونا عنه وتتخذ، تحقيقا لهذا الغرض، جميع التدابير التشريعية والادارية الملائمة.

٣- تكفل الدول الاطراف أن تتقيد المؤسسات والادارات والمرافق المسؤولة عن رعاية أو حماية الاطفال بالمعايير التي وضعتها السلطات المختصة، ولاسيما في مجالي السلامة والصحة وفي عدد موظفيها وصلاحيتهم للعمل، وكذلك من ناحية كفاءة الاشراف.

المادة ٤

تتخذ الدول الأطراف كل التدابير التشريعية والإدارية وغيرها من التدابير الملائمة لأعمال الحقوق المعترف بها في هذه الاتفاقية، وفيها يتعلق بالحقوق الاقتصادية والاجتماعية والثقافية، تتخذ الدول الاطراف هذه التدابير الى أقصى حدود مواردها المتاحة، وحيثما يلزم، في اطار التعاون الدولي.

المادة ٥

تحترم الدول الاطراف مسؤوليات وحقوق وواجبات الوالدين أو عند الاقتضاء، أعضاء الاسرة الموسعة أو الجماعة حسبما ينص عليه العرف المحلّي، أو الاوصياء أو غيرهم من الاشخاص المسؤولين قانونا عن الطفل، في أن يوفروا بطريقة تتفق مع قدرات الطفل المتطورة، التوجيه والارشاد الملائمين عند ممارسة الطفل الحقوق المعترف بها في هذه الاتفاقية.

المادة ٦

١-   تعترف الدول الاطراف بأن لكل طفل حقا أصيلا في الحياة.

٢-   تكفل الدول الاطراف الى حد ممكن بقاء الطفل ونموه.

المادة ٧

١- يسجل الطفل بعد ولادته فوراً ويكون له الحق منذ ولادته في أسم والحق اكتساب جنسية، ويكون له قدرالامكان، الحق في معرفة والديه وتلقي رعايتهما.

٢- تكفل الدول الاطراف اعمال هذه الحقوق وفقاً لقانونها الوطني والتزامها بموجب الصكوك الدولية المتصلة بهذا الميدان، ولا سيما حيثما يعتبر الطفل عديم الجنسية في حال عدم القيام بذلك.

المادة ٨

١- تتعهد الدول الاطراف باحترام حق الطفل في الحفاظ على هويته بما في ذلك جنسيته، واسمه، وصلاته العائلية، على النحو الذي يقره القانون، وذلك دون تدخل غير شرعي.

٢- اذا حرم أي طفل بطريقة غير شرعية من بعض أو كل عناصر هويته، تقدم الدول الاطراف المساعدة والحماية المناسبتين من أجل الاسراع بإعادة إثبات هويته

المادة ٩

تتضمن الدول الاطراف عدم فصل الطفل عن والديه على كره منهما، الا عندما تقرر السلطات المختصة، رهنا باجراء اعادة نظر قضائية، وفقا للقوانين والاجراءات المعمول بها، أن هذا الفصل ضروري لصون مصالح الطفل الفضلى، وقد

يلزم مثل هذا القرار في حالة معينة مثل حالة اساءة الوالدين معاملة الطفل أو اهمالها له، أو عندما يعيش الوالدان منفصلين ويتعين اتخاذ قرار بشأن محل اقامة الطفل.

المادة ١٢

١- تكفل الدول الاطراف في هذه الاتفاقية للطفل القادر على تكوين آرائه الخاصة حق التعبير عن تلك الاراء بحرية في جميع المسائل التي تمس الطفل، وتولى آراء الطفل الاعتبار الواجب وفقا لسن الطفل ونضجه.

٢- ولهذا الغرض، تتاح للطفل، بوجه خاص فرصة الاستماع اليه في أي اجراءات قضائية وادارية تمس الطفل، إما مباشرة، أو من خلال ممثل أوهيئة ملائمة بطريقة تتفق مع القواعد الاجرائية للقانون الوطني.

المادة ١٣

١- يكون للطفل الحق في حرية التعبير، ويشمل هذا الحق حرية طلب جميع أنواع المعلومات والافكار وتلقيها واذاعتها، دون أي اعتبار للحدود، سواء بالقول أو الكتابة أو الطباعة، أو الفن أو بأية وسيلة أخرى يختارها الطفل.

٢- يجوز اخضاع ممارسة هذا الحق لبعض القيود، بشرط أن ينص القانون عليها وأن تكون لازمة لتأمن ما يلي:

أ- احترام حقوق الغير أو سمعتهم، حماية الامن الوطني أو النظام العام، أو الصحةالعامة أو الاداب العامة.

المادة ١٥

١- تعترف الدول الاطراف بحقوق الطفل في حرية تكوين الجمعيات وفي حرية الاجتماع السلمي.

٢- لايجوز تقييد ممارسة هذه الحقوق بأية قيود المفروضة طبقاً للقانون والتي تقتضيها الضرورة في مجتمع ديمقراطي لصيانة الأمن الوطني أو السلامة العامة أو النظام العام، أو لحماية الصحة العامة أو الاداب العامة أو لحماية حقوق الغير وحرياتهم.

المادة ١٦

١- لايجوز أن يجري أي تعرض تعسفي أو غير قانوني للطفل في حياته الخاصة أو أسرته أو منزله أو مرسلاته، ولا أي مساس غير قانوني بشرفه أو سمعته.

٢- للطفل حق في أن يحميه القانون من مثل هذا التعرّض أو المساس.

المادة ١٧

تعترف الدول الاطراف بالوظيفة الهامة التي تؤديها وسائط الاعلام وتضمن امكانية حصول الطفل على المعلومات والمواد من شتى المصادر الوطنية والدولية، وبخاصة تلك التي تستهدف تعزيز رفاهيته الاجتماعية والروحية والمعنوية وصحته الجسدية والعقلية، وتحقيقا لهذه الغاية، تقوم الدول الاطراف بما يلي:

أ) تشجيع وسائط الاعلام على نشر المعلومات والمواد ذات المنفعة الاجتماعية والثقافية للطفل ووفقا لروح المادة ٢٩.

ب) تشجيع التعاون الدولي في انتاج وتبادل ونشر هذه المعلومات والمواد من شتى المصادر الثقافية والوطنية والدولية.

ج) تشجيع انتاج كتب الاطفال ونشرها.

د) تشجيع وسائط الاعلام على ايلاء عناية خاصة للاحتياجات اللغوية للطفل الذي ينتمي الى مجموعة من مجموعات الاقليات أو الى السكان الاصليين.

ه)تشجيع وضع مبادئ توجيهية ملائمة لوقاية الطفل من المعلومات والمواد التي تضر بمصالحة، مع وضع أحكام المادتين ١٣ و١٨ في الاعتبار.

المادة ١٨

١. تبذل الدول الاطراف قصارى جهدها لضمان الاعتراف بالمبدأ القائل إن كلا الوالدين أو الأوصياء القانونيين، حسب الحالة، المسؤولية الأولى عن تربية الطفل ونموه، وتكون مصالح الطفل الفضلى موضع اهتمامهم الاساسي.

٢. في سبيل ضمان وتعزيز الحقوق المبنية في الاتفاقية، على الدول الأطراف في هذه الاتفاقية أن تقدم المساعدة الملائمة للوالدين وللأوصياء القانونين في الاضطلاع بمسؤوليات تربية الطفل وعليها أن تكفل تطوير مؤسسات ومرافق وخدمات رعاية الاطفال.

٣. تتخذ الدول الاطراف كل التدابير الملائمة لتضمن لاطفال الانتفاع بخدمات ومرافق رعاية الطفل التيهم مؤهلون لها.

المادة ١٩

١. تتخذ الدول الاطراف جميع التدابير التشريعية والادارية والاجتماعية والتعليمية الملائمة لحماية الطفل من كافة أشكال العنف أو الضرر أو الاساءة البدنية أو العقلية والاهمال أو المعاملة المنطوية على اهمال، واساءة المعاملة أو الاستغلال، بما في ذلك الاساءة الجنسية، وهوفي رعاية الوالد (الوالدين) أو الواصي القانوني (الاوصياء القانونيين) عليهن أو أي شخص آخر يتهعد الطفل برعايته.

٢. ينبغي أن تشمل هذه التدابيرالوقائية، حسب الاقتضاء، اجراءات فعالة لوضع برامج اجتماعية لتوفير الدعم اللازم للطفل ولأولئك الذين الذين يتعهدون الطفل برعايتهم، وكذلك للأشكال الاخرى من الوقاية، ولتحديد حالات اساءة معاملة الطفل المذكورة حتى الان والابلاغ عنها والاحالة بشأنها والتحقيق فيها ومعالجتها ومتابعتها وكذلك لتدخل القضاء حسب الاقتضاء.

إعلان حقوق الطفل

اعتمد ونشر على الملأ بموجب قرار الجمعية العامة ١٣٨٦(د - ١٤) المؤرخ في
٢٠ تشرين الثاني /نوفمبر ١٩٥٩

لما كانت شعوب الامم المتحدة، في الميثاق، قد أكدت مرة أخرى ايمانها
بحقوق الانسان الاساسية وبكرامة الشخص الانساني وقيمته، وعقدت العزم على
تعزيز التقدّم الاجتماعي والارتقاء بمستويات الحياة في جو من الحرية أفسح، ولما
كانت الامم المتحدة، قد نادت في الاعلان العالمي لحقوق الانسان، بأن لكل انسان أن
يتمتع بجميع الحقوق والحريات المقررة فيه، دون أي تمييز بسبب العرق أو اللون أو
الجنس أو اللغة أو الدين، أو الرأي سياسيا أو غير سياسي، أو الأصل القومي أو
الاجتماعي أو الثروة أو النسب أو أي وضع آخر.

ولما كان الطفل يحتاج بسبب عدم نضجه الجسمي والعقلي الى حماية
وعناية خاصة، وخصوصا الى حماية قانونية مناسبة سواء قنل مولده أو بعده.

وبما أن ضرورة هذه الحماية الخاصة قد نص عليها في اعلان حقوق الطفل الصادر في جنيف عام ١٩٢٤ واعترف بها في الاعلان العالمي لحقوق الانسان وفي النظم الاساسية للوكالات المتخصصة والمنظمات الدولية المعنية برعاية الاطفال. وبما أن للطفل على الانسانية أن تمنحه خير ما لديها. فان الجمعية العامة، تصدر رسميا " اعلان حقوق الطفل" هذا لتمكينه من التمتع بطفولة سعيدة ينعم فيها، لخيره وخير المجتمع، بالحقوق والحريات المقررة في هذا الاعلان، وتدعو الاباء والامهات، والرجال والنساء كلا بمفرده، كما تدعو المنظمات الطوعية والسلطات المحلية والحكومات القومية الى الاعتراف بهذه الحقوق والسعي لضمان مراعاتها بتدابير تشريعية وغير تشريعية تتخذ تدريجيا وفقا للمبادئ التالية:

المبدأ الاول

يجب أن يتمتع الطفل بجميع الحقوق المقررة في هذا الاعلان، ولكل طفل بلا استثناء أن يتمتع بهذه الحقوق دون أي تفريق أو تمييز بسبب العرق أو اللون أو الجنس أو الدين أو الرأي سياسيا أو غير سياسي، أو الأصل القومي أو الاجتماعي، أو الثروة أوالنسب أو أي وضع آخر يكون له أو لأسرته.

المبدأ الثاني

يجب أن يتمتع الطفل بحماية خاصة وأن يمنح، بالتشريع وغيره من الوسائل، الفرض والتسهيلات اللازمة لاتاحة نموه الجسمي والعقلي والخلقي والروحي والاجتماعي نمواً طبيعياً سليماً في جو من الحرية والكرامة، وتكون مصلحته العليا محل الاعتبار الاول في سن القوانين لهذه الغاية.

المبدأ الثالث

للطفل منذ مولده حق في أن يكون له اسم وجنسية .

المبدأ الرابع

يجب أن يتمتع الطفل بفوائد الضمان الاجتماعي وأن يكون مؤهلاً للنمو الصحي السليم، وعلى هذه الغاية، يجب أن يحاط هو وأمه بالعناية والحماية الخاصتين اللازمتين قبل الوضع وبعده، وللطفل حق في قدر كاف من الغذاء والمأوى واللهو والخدمات الطبية.

المبدأ الخامس

يجب أن يحاط الطفل المعوق جسمياً أو عقلياً أو اجتماعياً بالمعالجة والتربية والعناية الخاصة التي تقتضيها حالته.

المبدأ السادس

يحتاج الطفل لكي ينعم بشخصية منسجمة النمو مكتملة التفتح، الى الحب والتفهم، ولذلك يراعي أن تتم تنشئته الى أبعد مدى ممكن، برعاية والديه وفي ظل مسؤوليتهما، وعلى أي حال، في جو يسود الحنان والأمن المعنوي والمادي فلا يجوز، إلا في ظروف استثنائية، فصل الطفل الصغير عن أمه، ويجب على المجتمع والسلطات العامة تقديم عناية خاصة للاطفال المحرومين من الأسرة وأولئك

المفتقرين الى كفاف العيش، ويحسن دفع مساعدات حكومية وغير حكومية للقيام بنفقة أطفال الأسر الكبيرة العدد.

المبدأ السابع

للطفل حق في تلقي التعليم، الذي يجب أن يكون مجانياً والزامياً، في مراحله الابتدائية على الأقل، وأن يستهدف رفع ثقافة الطفل العامةوتمكينه، على أساس تكافؤ الفرص، من تنمية ملكاته وحصافته وشعور بالمسؤولية الادبية والاجتماعية، ومن أن يصبح عضواً مفيداً في المجتمع، ويجب أن تكون مصلحة الطفل العليا هي المبدأ الذي يسترشد به المسؤولون عن تعليمه وتوجيهه، وتقع هذه المسؤولية بالدرجة الاولى على أبويه، ويجب أن تتاح للطفل فرصة كاملة للعب واللهو، الذين يجب أن يوجها نحو أهداف التعليم ذاتها، وعلى المجتمع والسلطات العامة السعي لتيسير التمتع بهذا الحق.

المبدأ الثامن

يجب أن يكون الطفل، في جميع الظروف، بين أوائل المتمتعين بالحماية والاغاثة.

المبدأ التاسع

يجب أن يتمتع الطفل بالحماية من جميع صور الاهمال والقسوة والإستغلال، ويحظر الاتجار به على أية صورة، ولا يجوز استخدام الطفل قبل بلوغه السن الأدنى الملائم، ويحظر في جميع الاحوال حمله على العمل أو تركه

يعمل في أية مهنة أو صنعة تؤذي صحته أو تعليمه أو تعرقل نموه الجسمي أو العقلي أو الخلقي.

المبدأ العاشر

يجب أن يحاط الطفل بالحماية من جميع الممارسات التي قد تدفع الى التمييز العنصري أو الديني أو أي شكل آخر من أشكال التمييز، وأن يربي على روح التفهم والتسامح والصداقة بين الشعوب، والسلم والاخوة العالمية، وعلى الادراك التام لوجوب تكريس طاقته ومواهبه لخدمة إخوانه البشر.

دعاء للأبناء

اللهم لك الحمد حمداً كثيراً طيباً مباركاً فيه، اللهم صل وسلم وبارك على نبيك وحبيبك محمد وعلى آله وصحبه آجمعين، اللهم بارك لي في أولادي ووفقهم لطاعتك وارزقني برهم، اللهم يا معلم موسى وآدم علمهم يا مفهم سليمان فهمهم، ويا مؤتي لقمان الحكمة وفضل الخطاب آتهم الحكمة وفضل الخطاب، اللهم علمهم ما جهلوا وذكرهم ما.نسوا وافتح عليهم من بركات السماء والارض إنك سميع مجيب الدعوات، اللهم إني أسألك لهم قوة الحفظ وسرعة الفهم وصفاء الذهن، اللهم اجعلهم هداة مهديين غير ضالين ولا مضلين، اللهم حبب إليهم الايمان وزينه في قلوبهم وكرّه اليهم الكفر والفسوق والعصيان وأجعلهم من الراشدين "ربنا هب لنا في أزواجنا وذرياتنا قرة أعين واجعلنا للمتقين اماما".

اللهم اجعلهم أوفر عبادك حظاً في الدنيا والاخرة، اللهم اجعلهم في أوليائك وخاصتك الذين يسعى نورهم بين ايديهم ولاخوف عليهم ولا هم يحزنون اللهم اغفر ذنوبهم، اللهم طهر قلوبهم، اللهم حصن فروجهم، اللهم حسن اخلاقهم واملأ

قلوبهم نورا ورحمة، وأهلهم لقبول كل نعمه واصلحهم وأصلح بهم الأمة، اللهم اجعلهم من حرس الدين ومن الذاكرين والمذكورين، والطف بهم يا كريم، اللهم علق قلوبهم بالمساجد وبطاعتك واجعلهم ممن أحبك ورغب اليك، اللهم اجعلهم حفظة كتابك ودعاة في سبيلك وأئمة للمساجد ومجاهدين في سبيلك ومبلغين عن رسولك محمد صلى اللـه عليه وسلم.

اللهم اجعل القرآن العظيم ربيعاً لقلوبهم، وشفاءً لصدورهم، ونوراً لأبصارهم، اللهم افتح عليهم فتوح العارفين، اللهم ارزقهم الحكمة والعلم النافع وزين اخلاقهم بالحلم، وأكرمهم بالتقوى وجملهم بالعافية، عافهم واعف عنهم، اللهم أرزقهم بالعلم الصالح والصحبة الطيبة، اللهم ارزقهم القناعةوالرضا، اللهم نزه قلوبهم عن التعلق بمن دونك، واجعلهم ممن تحبهم ويحبونك، اللهم ارزقهم حبك وحب نبيك محمد صلى اللـه عليه وسلم وحب كل من يحبك وحب كل عمل تقربهم الى حبك، اللهم اجعلهم ممن تواضع لك فرفعته، واستكان لهيبتك فأحببته، وتقرّب إليك فقربته، وسألك فأجبته، اللهم فرّج بهم نبيك المختار وأعل بهم المنابر، وأهدهم لما تحبه يا غفار.

اللهم افتح عليهم أبواب رزقك الحلال من واسع فضلك، واكفهم بحلالك عن حرامك، وأغنهم بفضلك عمن سواك، ولا تولهم وليا سواك، اللهم جنبهم الفواحش والمحن، والزلازل والفتن، ما ظهر منها وما بطن، اللهم جنبهم رفقاء السوء، اللهم جنبهم الزنا، اللهم جنبهم الخمر والمخدرات، اللهم سلمهم من العلل والاوبئة والآفات، اللهم سلمهم من شر الاشرار. آناء الليل واطراف النهار في الاعلان

والاسرار، واهدهم لما تحبه منهم، واغفرلهم يا غفار، اللهم لا تزغ قلوبهم بعد إذ هديتهم، وهب لهم من لدنك رحمة، وهيء لهم من أمرهم رشداً، اللهم مُنَّ عليَّ بإصلاح أولادي وهدايتهم لما تحب وترضى، اللهم امدد في اعمارهم مع الصحة والعافية في طاعتك ورضاك، اللهم رب لي صغيرهم وقوي لي ضعيفهم، اللهم عافهم في ابدانهم وأسماعهم وأبصارهم وأنفسهم وجوارحهم اللهم آتِ نفوسهم تقواها وزكها أنت خير من زكاها، وألهمهم رشدهم، اللهم اجعلهم ابراراً وأتقياء بصراء سامعين مطيعين لك، ولأوليائك محبين ناصحين، ولأعدائك مبغضين، اللهم اشدد بهم عضدي وأقم أودي، وزين بهم محضري،وأحي بهم ذكري، واكفني بهم في غيبتي، وأغني بهم على حاجتي، واجعلهم عوناً لي، اللهم واجعلهم لي محبين وعلي مقبلين مستقيمين لي مطيعين غير عاصين ولا عاقين ولا خاطئين،اللهم أعنى على تربيتهم وتأديبهم وبرهم، واجعل ذلك خيراً لي ولهم.

اللهم اجعلنا واياهن من الموسع عليهم الرزق الحلال المعوذين من الذل بك، المجارين من الظلم بعدلك، المعافين من البلاء برحمتك المعصومين من الذنوب والزلل والخطأ بتقواك، الموفقين للخير والرشد والصواب بطاعتك والمحال بينهم وبين الذنوب بقدرتك التاركين لكل معصية.

اللهم وأعذنا وأولادنا وذريتنا من فتنة القبر وعذاب القبر وفتنة المسيح الدجال، اللهم أمنن عليهم بكل ما تصلحهم في الدنيا والآخرة ما ذكرت منها وما نسيت،أو ظهرت أو أخفيت أو أعلنت أو أسررت، اللهم املأ قلوبهم نوراً وحكمة وأهلهم لقبول كل نعمة، وأصلحهم وأصلح بهم الأمة، وسلمهم في العلل والآفات،

اللهم اجعل لهم الذكر الجميل في الدنيا والآخرة، وألبسهم من ملابس الجمال والكمال الحلل الفاخرة، اللهم انظرهم بعينيك وتولهم بعدلك، واحرسهم بفضلك ومنَّك، وابرهم بجيش المحبة، وأسقهم في شراب الولاية اكرم شربه، اللهم اجعلهم في حفظك وكنفك وأمانك وجوارك وعبادك وحزبك وحرزك ولطفلك وسترك من كل شيطان وانس وجان، وباغ وحاسد، ومن كل شيء آت أخذ بناصيته إنك على كل شيء قدير.

اللهم رب أوزعني أن اشكر نعمتك التي انعمت علي وعلى والدي، وأن أعمل صالحاً ترضاه، وأصلح لي في ذريتي، إني تبت إليك وإني من المسلمين وأعذني وذريتي من الشيطان الرجيم، اللهم انك قلت وقولك الحق (أدعوني أستجب لكم) اللهم هذا الدعاء ومنك الاجابه وهذا الجهد وعليك الاتكال، اللهم اعطني جميع ذلك بتوفيقك ورحمتك واعط جميع المسلمين والمسلمات المؤمنين والمؤمنات مثل الذي سألتك ولأولادي عاجل الدنيا وأجل الآخرة، إنك قريب مجيب، سميع عليم، عفو غفور رحيم، اللهم ربنا آتنا في الدنيا حسنة وفي الاخرة حسنة وقنا عذاب النار، اللهم أدخلنا الجنة مع الأبرار يا عزيز يا غفار.

سبحان ربك رب العزة عما يصفون، وسلام على المرسلين، والحمد الـله رب العالمين وصلِّ اللهم على سيدنا محمد وعلى آله وصحبه أجمعين.

الـمـصـادر والـمـراجـع

١- القرآن الكريم.

٢-أبو زكريا يحيى بن شرف النووي الدمشقي، رياض الصالحين،٦٣١-٦٧٦ للهجره.

٣- ابن كثير، تفسير القرآن الكريم.

٤_احمد فايز،دستور الأسرة في ظلال القرآن.،ط١، بيروت، الرسالة،١٩٨٧.

٥- خوله عابدين، ربنا وتقبل دعاء،ط١،عمان، دار المأمون،٢٠٠٣.

٦- سيد قطب، في ظلال القرآن الكريم، ط١، بيروت، دار الشروق، ١٩٨٨

٧- عبد الرؤوف المناوي، بر الوالدين.

٨- فهد زايد،استراتيجيات تربية الأبناء،ط١، عمان دار يافا، ٢٠٠٦.

٩- فهد زايد،احذري أيتها الفتاه،ط١،عمان دار يافا ٢٠٠٦.

١٠- الإمام مسلم، صحيح مسلم.

١١-محمد ناصر الدين الألباني، سلسلة الأحاديث الصحيحه.

١٢-محمد ناصر الدين الألباني،صحيح الجامع الصغير.

١٣- محمد علي الصابوني،صفوة التفاسير.

١٤-محمد ناصر الدين الألباني حجاب المرأه المسلمه.

١٥- المنذري،الترغيب والترهيب.

١٦-مأمون فريز جرار، العلاقات الأسرية، ط١، عمان، دار الإعلام،٢٠٠٢.

١٧-محمد فؤاد عبد الباقي،معجم المفهرس لألفاظ القرآن الكريم.

١٨- أبو حامد الغزالي،إحياء علوم الدين.

١٩- ابن حجر العسقلاني،فتح الباري شرح صحيح البخاري.

٢٠- نظام سكجها،بر الوالدين في القرآن والحديث،ط١،عمان، المكتبة الإسلاميّة، ١٩٨٣.

فـهـرس الـمـحـتـويـات

T0300968

Printed in the United States
By Bookmasters